조선시대 왕

태조 이성계부터 순종까지

풀과바람 역사 생각 02

조선 시대 왕

개정판 1판 1쇄 | 2019년 2월 25일
개정판 1판 3쇄 | 2021년 5월 20일

글 | 박영수
그림 | 노기동

펴낸이 | 박현진
펴낸곳 | (주)풀과바람
주소 | 경기도 파주시 회동길 329(서패동, 파주출판도시)
전화 | 031) 955-9655~6
팩스 | 031) 955-9657
출판등록 | 2000년 4월 24일 제20-328호
홈페이지 | www.grassandwind.co.kr
이메일 | grassandwind@hanmail.net

편집 | 이영란
디자인 | 박기준
마케팅 | 이승민

값 12,000원
ISBN 978-89-8389-781-7 73910

※ 잘못 만들어진 책은 구입처에서 바꾸어 드립니다.

이 도서의 국립중앙도서관 출판예정도서목록(CIP)은 서지정보유통지원시스템 홈페이지(seoji.nl.go.kr)와
국가자료공동목록시스템(www.nl.go.kr/kolisnet)에서 이용하실 수 있습니다. (CIP제어번호 : CIP2019002683)

제품명 조선 시대 왕 | **제조자명** (주)풀과바람 | **제조국명** 대한민국
전화번호 031)955-9655~6 | **주소** 경기도 파주시 회동길 329
제조년월 2021년 5월 20일 | **사용 연령** 8세 이상
KC마크는 이 제품이 공통안전기준에 적합하였음을 의미합니다.

⚠ **주의**

어린이가 책 모서리에
다치지 않게 주의하세요.

조선시대 왕

태조 이성계부터 순종까지

박영수 글 · 노기동 그림

풀과바람

머리글

역 사라는 물줄기 또는 산맥은 워낙 장대해서 한 번에 모든 것을 파악할 수는 없습니다. 또 역사는 어떤 관점으로 바라보느냐에 따라 이해하는 마음이 달라집니다. 지배자 측면에서 보면 아랫사람들을 다스리거나 중대한 일 중심으로 세상이 보이고, 민중 측면에서 보면 인생살이의 다양한 면모가 눈에 그려집니다. 그래서 역사를 제대로 알려면 끊임없이 많이 공부해야 한다는 말이 나오는 것이지요.

　일반적으로 사람들은 피지배자보다 지배자에 관해 더 큰 관심을 나타냅니다. 다른 사람보다 우월하게 살고픈 욕망이 있기 때문입니다. 지도자나 통치자에 관한 역사책이 많은 이유이기도 합니다.

그런데 왕조 시대 지도자, 즉 왕을 다룬 책들은 대부분 업적을 늘어놓기에 바쁩니다. 사실 그렇게 설명된 업적들 대부분은 왕 혼자 힘으로 이룬 일이 아닙니다만, 그 공은 대개 왕에게 돌아가곤 하니까요. 그렇다 보니 지나치게 왕을 미화하거나 과대평가한 예도 많습니다.

역사는 절대 어느 한 사람의 몫이 아닙니다. 그런 편견을 피하고 통치자를 바라보면 그들도 말 못 할 어려움을 겪었고 때로는 자기 뜻과 달리 나라를 이끌었음을 알 수 있습니다. 국왕도 사람이니까요. 다만 통치자는 큰 영향력을 행사함으로써 높은 비중을 차지하고 있습니다.

이 책은 조선 시대 통치자의 인간적 면모를 살펴보면서 그 지도력의 핵심을 다뤘습니다. 바꿔 말해 개인적 감정과 국가적 이성 사이에서 왜 그런 결단을 내렸는지 또는 어찌하여 한쪽에 치우치게 됐는지 등을 설명했습니다. 또한 반드시 성공한 국왕만이 아니라 실패하거나 뭔가 부족한 군주까지 다룸으로써 반면교사의 지혜를 배우도록 했습니다. 요컨대 국왕 중심으로 조선 역사를 대략이나마 한눈에 파악하도록 했습니다.

이 책에 이어 《지도 없이 떠나는 101일간의 한국사 일주》나 《어린이 한국사 50 장면》을 같이 읽는다면 우리 역사를 바라보고 이해하는 데 큰 도움을 받을 수 있을 것입니다. 이 책에서 빠진 다른 시대 왕들과 주요 사건들을 거기에서 다뤘기 때문입니다. 아무쪼록 독자 여러분에게 의미 있는 한국사 여행이 되기를 바랍니다.

지은이 박영수

차례

태조 이성계
혁명적 지도자

집안이 대대로 무인이어서 그런지 이성계(李成桂, 1335~1408)는 키가 크고 특히 귀가 남들보다 컸습니다. 이성계는 활을 아주 잘 쏘고 말을 잘 다뤘으며 그 솜씨는 고려 말엽 홍건적과 왜적을 물리칠 때 크게 빛났습니다.

특히 1362년 7월에는 말을 탄 채 선봉에 서서 적군 장수만 골라 쏘아 맞히는 백발백중 활 솜씨로 아군 사기를 올렸는가 하면, 적진으로 쳐들어갈 때, 말 왼쪽 옆구리에 몸을 거꾸로 매달리는 기발한 기술로 적장의 창을 피하는 놀라운 마상기예(馬上技藝)를 보여 주었습니다.

"어라? 어디로 갔지?"

적장이 당황했을 때 이성계는 재빨리 다시 말 위로 올라가서는 뒤돌아 화살을 쏘아서 그야말로 전광석화 같은 솜씨로 적을 죽인 것입니다. 이성계의 활 솜씨에 관한 이야기는 여기에서 그치지 않습니다.

1380년(우왕 6년) 이성계는 지리산 황산에서 왜적을 상대할 때 적장을 먼저 쓰러트려야 한다고 판단했습니다. 적군 사기를 떨어뜨리는 가장 확실한 방법이었으니까요.

"자네가 저놈의 투구를 맞추면 내가 그 틈을 노리겠네."

의형제 이지란(李之蘭)은 이성계의 말을 알아들었다는 듯 적장 투구를 쏘아 뒤로 제쳤고, 이성계는 연이어 화살을 쏘아 적장 목을 꿰뚫었습니다. 갑옷 입고 투구를 써서 빈틈없던 적장을 묘한 방법으로 죽인 것입니다. 이성계는 이때의 승리를 매우 자랑스럽게 여겼고, 개경으로 돌아와 국왕의 환대를 받았습니다.

　　고려 말엽 전쟁터에서 여러 차례에 걸쳐 무공을 세운 이성계는 남몰래 야망을 키웠습니다. 어지러운 나라 사정을 보면서 자신이 왕을 해 보고 싶은 욕망을 느꼈던 것입니다. 그리하여 1388년(우왕 14년) 왕명을 받아 북방정벌에 나섰다가 위화도에서 회군하여 혁명을 일으켰습니다.

　　"새로운 시대에 동참할 사람은 나를 따르라!"

　　혼란의 시대에는 군사력 강한 자가 권력을 잡기 마련인바, 주력 부대를 거느린 이성계는 간단히 고려 왕조를 무너뜨렸습니다. 전쟁터에서 그의 지휘를 받았던 병사들이 카리스마가 대단한 이성계를 따랐고, 고려 정치에 실망한 관리들이 또한 이성계를 도와주었던 까닭입니다.

이성계는 위협적인 최영 장군을 귀양 보내고 우왕을 추방한 뒤 8세의 어린 창왕(昌王, 1380~1389)을 내세워 사실상 고려 통치에 들어갔습니다. 이성계는 1389년 창왕을 폐하고 공양왕(恭讓王, 1345~1394)을 고려 제34대 왕으로 옹립했다가 1392년 마침내 고려를 멸하고 조선을 세웠습니다.

태조 이성계는 1392년 7월 17일 개성 수창궁에서 즉위식을 하고 국호를 '조선(朝鮮)'이라 고쳤습니다. 고려가 고구려의 계승 국가임을 나타낸 데 비해 새로운 왕조 조선은 고조선을 계승한 나라임을 알린 것입니다.

태조는 왕이 된 뒤 이름을 '旦(아침 단)' 외자로 바꾸었습니다. 두 자나 세 자로 이름 짓는 보통 사람들과 달리 외자로 이름을 지은 것은 백성들이 이름을 지을 때 힘들게 고민하지 않도록 배려한 것입니다. 백성들이 임금과 같은 이름을 쓸 수 없기 때문이죠. 그래서 조선 역대 왕들의 이름은 잘 쓰지 않는 한자인 경우가 많습니다.

태조는 1394년 한양 땅에 종묘와 사직을 짓고 10월 28일 도읍을 옮겼습니다. 고려에 대한 백성들의 미련이나 애정을 없애 버리기 위한 일이었습니다. 또한 고려 왕족이 반란을 일으킬까 봐 왕씨 일족을 죽였습니다. 때문에 왕(王)씨들은 전(全)씨·옥(玉)씨처럼 王(왕)자에 살짝 획을 더한 성씨로 바꾸어 목숨을 지켰습니다.

태조는 이 밖에도 외교적으로는 주변 나라와 평화적인 관계를 추진하고, 안으로는 불교를 배척하고 유교를 내세우면서 농업을 장려하는 등 여러 변화를 시도하며 나라의 안정을 꾀했습니다.

하지만 태조는 1398년 제1차 왕자의 난 이후 아들들의 왕위 계승 싸움에 실망하여 둘째 아들 정종(定宗)에게 왕위를 물려주고 고향으로 돌아가 지냈으니 이는 어쩌면 혁명가가 겪어야 할 운명이었는지도 모릅니다.

정종
격구 즐긴 튼튼 국왕

조선 제2대 국왕은 그야말로 피비린내 나는 전투를 거쳐 정해졌습니다. 애초 태조 이성계는 막내아들 방석을 후계자로 삼았지만, 다섯째 아들 방원이 배다른 형제인 방석을 기습 살해하고 친형 방과를 차기 국왕으로 추대했습니다. 크게 상심한 태조는 정치에서 손을 뗐습니다. 사실 방원은 자기가 국왕이 되고 싶었으나, 여러 상황을 고려해 양보하고 다음 기회를 엿보았습니다. 하여 태조의 둘째 아들 방과가 1398년 9월 조선 제2대 국왕 정종(定宗, 1357~1419)이 되었습니다.

정종은 몸집이 곰처럼 크고 무예가 뛰어난 인물이었습니다. 고려 말엽 아버지 이성계를 도와 여러 전투에 참여한 바 있으며, 고려 충신 정몽주 척살 모의에 가담하고 공양왕에게 정몽주 살해 사실을 직접 알리기도 했습니다.

"정몽주 일당의 죄를 묻지 않으시겠다면, 신들에게 벌을 주십시오."

이렇듯 강골 무인이었지만 정종은 정권에 욕심을 내지 않았습니다. 아내 정안 왕후와의 사이에 자식이 없었던 데다, 동생 방원의 야욕을 잘 알고 있었기 때문입니다.

하여 정종은 왕위에 오른 뒤 대부분 정치에 관여하지 않고 사냥과 격구를 즐기며 지냈습니다. 격구는 긴 막대기로 나무 공을 쳐서 상대 골문에 넣는 스포츠입니다.

그렇지만 정종이 처리한 나랏일도 있으니 대표적으로 '분경금지법'입니다. 하급 관리가 벼슬을 얻고자 상급 관리의 집을 방문하지 못하도록 규정한 법률이며, 이는 신하들의 세력을 약화하면서 왕권을 강화하려는 조치였습니다.

1400년 세자 지위를 놓고 방원과 방간이 전투 끝에 죽이는 제2차 왕자의 난이 일어나자, 아우 방원을 왕세제(왕위를 이어받을 왕의 아우)로 책봉했습니다. 그리고 그해 11월 정종은 왕위를 방원에게 물려주고는, 이후 사냥과 격구와 연희를 즐기면서 느긋하게 살았습니다.

태종
두 얼굴의 군주

1395년(태조 4년) 10월 13일 태조의 배다른 동생이자 개국 공신인 이화(李和)가 조카이자 왕자인 정안군(靖安君)을 불러 함께 서대문 바깥지역으로 사냥을 나갔을 때의 일입니다.

"크르릉!"

갑자기 어디선가 나타난 표범이 정안군을 향해 달려들었습니다. 당황한 정안군은 표범을 피하려 했으나, 말 위에 있는 까닭에 몸을 자유롭게 움직일 수 없었습니다. 잘못하면 목숨을 잃을 위기였습니다. 그때, 낭장(郎將, 경호원에 해당하는 무관) 송거신이 급히 말을 몰아 표범을 향해 달려갔습니다. 표범이 자신을 공격하게끔 해서 정안군을 구하려는 뜻이었습니다.

예상대로 표범은 정안군을 놓아두고 송거신을 향해 달려들었습니다. 송거신은 말 위에 누워서 피했고, 표범은 안장을 깨물었습니다. 이때 또 다른 낭장 김덕생이 재빨리 활을 쏘았습니다. 화살이 빗나가면 송거신이나 그 옆의 정안군이 다칠 수도 있는 위험한 거리였지만, 평소 활쏘기에 자신 있었던 김덕생은 정확하게 표범을 명중시켜 죽였습니다.

"다치신 데는 없습니까?"

"괜찮네. 그리고 고맙네. 자네가 나를 살려주었네그려."

구사일생으로 목숨을 건진 정안군은 송거신·김덕생 두 사람에게 각각 말 한 필씩을 상으로 주었습니다.

이 일화에 등장하는 정안군의 이름은 이방원(李芳遠, 1367~1422)입니다. 태조 이성계의 다섯째 아들로, 고려 말엽 정몽주를 제거하여 아버지의 집권에 큰 도움을 주었습니다.

이방원은 이성계의 여덟 아들 대부분이 무인으로 성장한데 비해 무예보다 학문을 더 좋아했습니다. 고려 시대인 1388년(우왕 9년) 과거를 보았을 때도 무과가 아닌 문과로 급제했고, 1388년에는 이색(李穡)을 따라 서장관(書狀官, 사신 가운데 기록 담당 벼슬)으로 명나라에 다녀왔습니다.

하지만 이방원의 인생은 학자처럼 조용하지 않았고 무인보다 더 사나웠습니다. 그는 아버지 이성계가 혁명을 일으키는 과정에서 누구보다 용감히 앞장섰으며 정적들을 망설임 없이 죽였습니다. 정치 환경이 바뀌자 과감하게 무인으로서의 길을 걸은 것입니다.

그러나 그는 조선 건국 뒤 개국 공신에 들지 못했습니다. 급진적인 개혁 세력파들이 이방원을 견제했기 때문입니다. 이러한 때에 태조는 계비 강씨가 낳은 막내아들 이방석을 세자로 책봉했습니다.

"새엄마의 아들을 왕으로 삼겠다고?"

이방원은 이에 불만을 품고 반격할 기회를 엿보았습니다. 1398년 8월 마침내 이방원은 정변(제1차 왕자의 난)을 일으켜 이방석을 비롯해 정도전과 남은 등을 죽였습니다. 태조가 정종(定宗)에게 왕위를 물려준 뒤인 1400년에는 친형 이방간이 일으킨 제2차 왕자의 난을 진압하고 왕세제로 책봉되었습니다. 그해 11월 불안감을 느낀 정종은 이방원에게 왕위를 넘겨주었습니다.

제3대 조선 국왕이 된 태종(太宗)은 뛰어난 통찰력과 예리한 판단력으로 신하들을 지배했습니다. 어느 날 태종이 사냥을 떠나는 일에 대해 재상들 의견을 구했을 때의 일입니다. 영의정은 백성에게 피해가 심하므로 사냥을 말렸으나 좌의정은 태종의 비위를 맞추고자 찬성한다고 말했습니다. 태종은 두 사람의 말을 귀 기울여 듣고 이렇게 말했습니다.

"영의정 의견에 경의를 표하노라. 그리고 좌의정도 설마 아첨의 말을 했겠는가?"

좌의정은 부끄러워 어쩔 줄 몰라 했다고 하는데, 태종은 사람의 심리를 꿰뚫어 보는 능력이 대단했습니다. 태종이 신하들을 적재적소에 등용하고, 열한 명의 아들 중에서 가장 유능하다고 판단한 셋째 아들(세종 대왕)에게 왕위를 물려준 일도 그런 능력을 바탕으로 하고 있습니다. 태종은 세종에게 양위한 뒤에도 세종의 장인 심온(沈溫)을 병권 남용 죄로 처형했는데 이는 세종이 편안히 나라를 다스릴 수 있도록 악역을 자처한 것이었습니다.

태종은 이렇듯 정적에게는 잔인한 냉혈한이었으나 아버지에게는 대단한 효자였습니다. 그가 함흥에서 틀어박혀 지내는 아버지를 한양으로 모시고자 여러 사신을 끊임없이 보낸 일은 유명해서 '함흥차사(咸興差使)'라는 말을 낳았을 정도입니다.

세종
솔선수범 지도자

태종의 맏아들인 양녕 대군은 자유분방한 성격을 지녀서인지 궁중 생활을 매우 답답해하며 여기저기 돌아다녔습니다. 양녕 대군은 궁궐을 몰래 빠져나가 사냥하거나 기생들과 어울려 술자리를 갖곤 했는데, 그때마다 태종은 그런 아들을 불러 훈계했습니다.

"부디 왕세자로서 체통을 지키면서 좀 더 공부하라!"

그래도 양녕 대군이 사냥이나 풍류를 계속 즐기자 1418년 태종은 맏아들 대신 셋째 아들인 충녕 대군을 왕세자로 책봉하는 결단을 내렸습니다. 여러 아들 중에서 셋째가 가장 총명하고 부지런한 점을 높이 평가했기 때문입니다.

충녕 대군은 왕자 시절 책을 벗 삼아 학문에 몰두했었습니다. 잘 이해되지 않는 책은 수십 번 반복해 읽어 통째로 암기할 정도의 이른바 공붓벌레였습니다. 그래서 눈병이 생기는 고통을 겪었으나 부모의 마음을 상하게 하는 일은 절대로 하지 않았습니다.

사실 충녕 대군은 어린 시절 부모의 관심을 제대로 받지 못했습니다. 엄한 아버지와 무관심한 어머니가 오로지 맏아들 양녕 대군에게만 사랑을 보냈던 까닭입니다. 그러나 충녕 대군은 그에 대한 불만을 나타내지 않고 자기 운명에 충실했습니다.

그런데 예상치 못한 일이 벌어졌습니다. 뜻밖에도 자신에게 왕위가 돌아온 것입니다. 21세 때인 1418년 조선 제4대 국왕이 된 세종(世宗, 1397~1450)은 처음에는 허약한 군주처럼 보였습니다. 자신을 뒷받침해 줄 신하나 후원 세력이 없었거든요.

그러나 아니었습니다. 형식상 상왕으로 물러난 태종은 4년 동안 실질적으로 세종에게 힘을 실어 주며 권력 기반을 다질 수 있도록 완벽하게 도와주었습니다. 세종은 서서히 자신감을 가지면서 독자적인 통치에 들어갔고, 놀라운 지도력을 보여 줬습니다.

우선 세종은 전문가를 알맞은 분야에 적극 활용했습니다. 아버지의 추천을 받아들여 그가 중용한 황희가 그 대표적인 예입니다. 오늘날 청렴하다고 잘못 알려진 황희는 재임 당시 뇌물수수와 친인척 비호 등으로 여러 차례 탄핵을 받은 인물입니다. 세종은 그런 황희를 잠깐 물러나게 했다 다시 부르거나 사람을 시켜 감시하는 방법을 쓰면서까지 활용했습니다. "이 말도 옳고 저 말도 옳다"고 한 일화처럼, 황희는 원칙보다 변칙에 능한 일 처리로 업무 효율을 높이는 능력이 탁월했기 때문입니다.

세종의 기대대로 황희는 국가적 차원에서 더욱 나은 현실을 만드는 일에 힘썼습니다. 예컨대 농업 생산력 발전을 위해 농사 개량 방법을 알리면서 곡식 종자를 보급했고, 북쪽 야인과 남쪽 왜구에 대한 변방 방비책을 마련했으며 현실적인 법을 정비하는 데도 힘을 쏟았습니다. 세종이 황희를 조선 왕조를 통틀어 가장 긴 18년 동안 영의정(領議政)으로 임명한 이유입니다.

세종은 아랫사람에게만 일을 맡기는 성격이 아니었습니다. 그는 신하들과 같이 연구하고 고민하며 백성을 편안히 하는 묘책을 찾으려 끊임없이 애썼습니다. 세종은 상당히 해박한 지식을 가졌지만, 결코 지위를 이용해 신하를 무시하지 않고 당당히 이론으로 맞섰습니다.

세종이 훈민정음을 창제했을 때의 일입니다. 집현전 부제학 최만리가 상소를 올리며 훈민정음 사용을 부당하다고 주장했습니다. 이에 세종은 이렇게 답변했습니다.

"너희는 설총은 옳다 하는데 왜 너희 임금이 하는 일은 그릇되었다 하느냐. 너희가 말과 글에 대한 이치를 정녕 아느냐?"

이두(한자의 음과 뜻을 빌려 우리말을 적는 표기법)를 창안한 신라인 설총의 예를 들어서 한문 우월주의자들을 비판한 것입니다. 그것도 왕의 권위로서가 아니라 문자 연구가의 실력으로 말입니다. 그렇지만 세종은 최만리가 낙향한 뒤 3년이나 부제학 자리를 비워두는 넓은 포용력을 보여 주었습니다.

이 밖에도 세종은 실용적 이론이나 과학에 많은 관심을 두고 '과학 조선'을 이끌어 조선 시대 최고의 태평성대를 이뤘습니다.

세종은 1440년(세종 23년)에 시력을 잃어버렸습니다. 지나치게 연구에 몰두하느라 급기야 시각 장애인이 된 것입니다. 이후 세종은 세자에게 섭정하게 하면서 통치를 뒷받침하다가 1450년 53세 나이로 세상을 떠났습니다. 세종은 인재를 아끼고 솔선수범한 위대한 지도자였습니다.

문종
뛰어난 두뇌의 임금

　문종(文宗, 1414~1452)은 세자 시절, 세종에 대한 극진한 효심을 나타냈으니 앵두나무에서 그런 사례를 확인할 수 있습니다. 왕세자는 직접 앵두나무를 심고 정성스럽게 키운 뒤 드디어 열매가 맺히자 세종에게 바쳤습니다.

　"맛이 어떻사옵니까?"

　"외간에서 올린 것이 어찌 세자가 손수 심은 것과 같겠는가!"

　세자가 직접 키운 앵두를 맛본 세종은 이렇게 행복한 소감을 말했습니다. 세종은 앵두를 아주 좋아했는데, 당시 궁궐에는 세자가 세종을 위해 심은 앵두나무가 가득했다고 합니다.

　문종은 1450년 조선 제5대 국왕이 됐지만, 그 이전부터 세종의 위임을 받아 나랏일을 책임졌습니다. 세종이 흡족해할 정도로, 문종의 세자 시절 일 처리는 매우 합리적이고 창의적이었습니다.

　세자 시절 문종은 측우기를 고안하기도 했습니다. 1441년(세종 23년) 4월,《조선왕조실록》에 다음과 같이 적혀 있습니다.

　"세자가 직접 구리를 부어 그릇을 만들고 궁중에 두어 빗물이 그릇에

괴인 푼수를 실험했다."

측우기는 그해 8월, 서운관(書雲觀)에서 제작했지만 그 발명자는 문종입니다.

문종은 병법에도 능했고 군사 무기에 관심이 많았습니다. 1409년 최해산이 화차(火車)를 발명하자, 문종은 1451년(문종 1년) 한층 개량한 문종 화차를 창안했습니다. 불화살 100개를 꽂아 동시에 발사할 수 있고, 수레 각도를 조절해 멀리 날려 보낼 수 있는 대단한 무기였습니다.

문종은 측우기나 화차를 직접 발명할 만큼 뛰어난 두뇌를 지닌 임금이었는데, 그 바탕에는 어린 시절부터 습관화된 독서가 있었습니다. 축적된 지식에 창의력을 발휘해 필요한 물품을 생각해낸 것이지요.

하지만 문종은 1452년 5월 종기가 터져 강녕전에서 세상을 떠났습니다. 재위 2년 만에 일어난 비극이었습니다.

단종
비운의 소년 국왕

'무섭고 두려워요.'

1452년 11세 나이로 왕위에 오른 단종(端宗, 1441~1457)은 몹시 불안해했습니다. 부왕 문종(文宗)이 갑작스레 세상을 떠난 상황에서 자기 뒤를 봐 줄 어머니도, 할머니도 세상에 없었기 때문입니다. 문종은 죽기 전에 황보인·김종서·성삼문·박팽년·신숙주 등에게 어린 세자를 잘 보필해

달라고 부탁했기에 당시 의정(議政) 대신들이 나라를 통치했습니다.

"왕족을 두고 감히 대신들이 나라를 좌지우지하다니, 이건 아니지."

단종의 삼촌인 수양 대군(首陽大君)은 그에 불만을 품고 1453년 궁궐로 쳐들어가 원로대신들을 죽이고 스스로 영의정이 되어 사실상 왕 노릇을 했습니다. 단종은 허수아비 왕으로 있다가 1455년 강요를 견디지 못하고 수양 대군에게 왕위를 물려주었습니다. 이로써 조선 국왕 자리는 세조(世祖)가 차지했습니다.

1456년 성삼문·박팽년 등이 단종 복위를 도모하다가 사전에 붙잡혀 처형됐고, 그 바람에 단종은 노산군(魯山君)으로 내리깎인 채 강원도 영월로 쫓겨났습니다. 단종은 그런 계획을 전혀 몰랐지만 자기 의지와 관계없이 벼랑으로 내몰린 것입니다.

그와 더불어 세종의 아우 금성 대군도 단종 복위 거사에 연루됐다고 하여 경상도 순흥으로 귀양을 갔습니다.

"이곳에서 고을 군사를 모으고 경상도 내 선비들에게 격문을 돌려 의병을 일으킵시다!"

금성 대군은 유배지에서 순흥부사 이보흠(李甫欽)과 함께 한양을 쳐들어갈 계획을 세웠습니다. 단종을 다시 왕위로 올려놓기 위해서였지요. 이때 금성 대군 궁녀가 순흥 관노(官奴, 관청에 딸린 노비)와 몰래 사귀다가 그 비밀을 눈치채고는 고자질을 생각했습니다.

"역모를 고발하면 우리에게 큰 상금을 내줄 거야. 그러면 우리 둘이 잘 살 수 있겠지."

"그거, 좋은 생각이네."

둘은 금성 대군이 써놓은 격문(檄文, 어떤 일을 여러 사람에게 알리어 부추기는 글)을 훔쳐 한양으로 달아났습니다.

"뭐라? 궁녀와 노비가 한양으로 도망갔다고?"

뒤늦게 알게 된 순흥부사는 즉시 자기 관하에 있는 각 현의 현감에게 관노를 잡으라고 지시했습니다. 나쁜 일일지라도 뛰는 사람 위에 나는 사람이 있는 모양입니다. 여러 현감 중 풍기현감이 네 번이나 역마를 갈아 탄 끝에 관노를 잡았는데, 순흥부사에게 가지 않고 그대로 한양으로 가서 고발해 버렸습니다. 자기가 큰 상을 타려 했기 때문이었지요. 풍기현감은 큰 공을 세웠다 하여 관노 대신에 상을 탔으나, 단종은 자기 뜻과 무관한 이 사건으로 목숨을 더 위협받게 됐습니다. 계속되는 단종 복위 운동에 불안감을 느낀 세조는 1457년 단종에게 사약을 내렸고, 결국 단종은 16세 나이에 억울하게 죽었습니다.

그런데 남을 억울하게 하면 자신도 그런 일을 겪게 되는 모양입니다. 1457년(세조 3년) 겨울에 세조는 악몽을 꾸고는 깜짝 놀라 잠에서 깨었습니다. 꿈에 현덕 왕후(단종의 어머니)가 나타나 크게 화난 얼굴로 다음과 같이 말했기 때문입니다.

"네가 내 아들(단종)을 죽였으니 내 너의 아들도 죽이겠다!"

세조는 아주 기분 나빠하며 개꿈이라고 애써 스스로를 위로했습니다.

그렇지만 거짓말처럼 놀라운 소식이 들려왔습니다. 별안간 동궁(후일 추존한 덕종)이 죽었다는 기별이었습니다.

"다시 말해 보거라! 그게 정말이냐!"

세조는 분노하여 현덕 왕후의 능을 파헤쳐 그 앞에 아무렇게나 묻어 버렸습니다. 그러고도 분이 풀리지 않아 현덕 왕후를 폐위하고 능을 아예 없앴습니다. 복수에 복수로 대응한 것이었지요.

현덕 왕후의 무덤은 성종 때에 다시 회복됐는데, 50여 년 동안 내버려 둬 흔적을 찾을 수 없었으나, 어느 날 밤 감독관 꿈에 현덕 왕후가 나타나 위치를 알려 줬다고 합니다. 그래서 남편 문종의 능 옆으로 옮겨졌으며 그 사이에 있던 소나무가 저절로 죽어 두 능이 서로 보이게 됐다고 전합니다.

세조
술을 즐긴 호탕한 군주

"효경(孝經)을 벌써 외우셨습니까?"

《효경》은 공자(孔子)와 증자(曾子)가 효도에 관하여 주고받은 말을 기록한 경전입니다. 세종의 둘째 아들인 이유(李瑈)는 다섯 살 때 그 책을 모두 암기하여 주위 사람들을 놀라게 했습니다. 그만큼 영특했는데 거기에는 나름의 비법이 있었습니다. 그는 어떤 일을 해야 할 상황이라면 긍정적으로 생각하며 즐겼기에 남보다 빠른 속도로 무엇이든 익혔습니다.

예컨대 궁마(弓馬)를 배우게 될 때 방에서조차 말 타며 활 쏘는 모습을 떠올렸고 항상 활과 화살을 가지고 다녔습니다. 그래서인지 그는 활을 아주 잘 쏘았습니다. 나이 열두 살 때인 1429년(세종 11년) 2월 임금 앞에서 무예 실력을 선보였을 때 몰이꾼들이 몰아오는 사슴을 향해 화살 7발을 쏘아 모두 사슴 목을 꿰뚫을 정도였습니다.

"명궁이로다!"

요컨대 그는 문무(文武) 양쪽에서 재능이 뛰어난 인물이었습니다. 그렇지만 그는 둘째 아들이어서 왕이 되지 못했습니다. 그런데 친형 문종(文宗)이 몸이 허약해 재위 2년 4개월 만에 세상을 떠나고 어린 조카 단

종이 왕위에 오르자 욕심을 품었습니다. 그는 군사정변을 일으켜 정권을
잡았고 1455년 꿈에 그리던 왕이 됐습니다.

세조(世祖, 1417~1468)는 통치에 있어서 매우 유능한 군주였습니다.
현직 관리에게만 땅을 지급하는 직전법(職田法)을 실시해 부족한 토지제
도를 보완했고, 호적사업과 호패법을 시행하여 신분제도를 정착시켰으

며,《경국대전》을 착수하여 법률 체계 기본을 다졌습니다. 또한 국방을 강화하고 북방을 개척했으며 인지의(印地儀, 각도와 축척의 원리를 이용하여 거리와 높낮이를 재는 데 쓰던 기구)를 손수 발명해서 토지 측량의 정확성을 높였습니다.

호탕한 기질의 세조는 역대 조선 임금 중에서 술을 가장 좋아했습니다. 《조선왕조실록》에 기록된 술자리 횟수가 467건으로 단연 가장 많으며 마시는 양도 엄청났습니다. 스스로 '호음지벽(好飮之癖, 술 마시기 좋

아하는 버릇)'이 있다고 인정할 정도였습니다.

그런데 세조는 방탕하게 술자리를 갖지 않았습니다. 그는 세자와 장상(將相, 장수와 재상)하고만 술을 마셨습니다. 단 한 번도 궁첩(宮妾)과는 술을 마시지 않았는데, 그 이유는 신임하는 신하들과 술을 마시면서 자연스럽게 마음을 나누기 위함이었습니다. 평소 꺼내기 어려운 말을 술기운을 살짝 빌어 솔직하게 말하면서 서로의 믿음을 확인하는 것이었지요.

세조는 한명회와 신숙주, 그리고 구치관을 특히 총애했습니다. 한명회는 뛰어난 책략가, 신숙주는 훌륭한 명신(名臣), 구치관은 든든한 군사령관으로 평가하면서 말입니다. 그래서 종종 그들을 불러 술자리를 함께하곤 했습니다.

1467년의 일입니다. 세조는 좌의정 한명회를 유임시킨 상태에서 신숙주와 구치관을 각각 (우의정에서) 영의정과 (이조판서에서) 우의정에 임명시키고는 축하 술자리를 열었습니다. 이날 세조는 신숙주와 구치관을 두고 말장난을 즐기며 벌주를 내렸습니다. "신정승!" 하고 불렀을 때 신숙주가 대답하면 새로 임명된 구치관을 부른 것이라면서 벌주를 주었고, "구정승"이라고 부를 때 구치관이 대답하면 이전부터 정승이었던 신숙주를 부른 것이라면서 벌주를 주었습니다. 동시에 대답해도 어떤 이유를 붙여 벌주를 내렸습니다. 그러면서 사이사이 나랏일에 관해 이러저러한 이야기를 했습니다. 결국 두 정승은 거나하게 취했는데 이처럼 세조는 술을 통해 신뢰를 쌓으면서 한편으로 통치 행위를 한 것입니다.

　세조는 역대 임금들과 달리 원각사를 세우고 《월인석보》를 간행하는 등 노골적으로 불교를 장려했는데 그것은 불교의 호국(護國, 나라를 보호하고 지킴) 정신을 바탕으로 국가 민족의식을 드높이기 위함이었습니다.

　그렇지만 세조는 집권하는 과정에서 친형제와 조카를 비롯해 많은 충신을 죽여 뒤에 사가(史家)들로부터 많은 비난을 받았습니다. 군주로서의 자질과 능력이 뛰어났지만 좋은 평가를 받지 못하는 이유입니다.

예종
불운의 왕

세조의 둘째 아들로 태어난 예종(睿宗, 1450~1469)은 어린 시절부터 학문을 좋아했기에 날씨가 춥든 덥든 공부를 게을리하지 않았습니다. 열두 살 차이 나는 형이 세자였으므로, 그는 왕위에 관심을 두지 않고 성실히 학문에 힘썼습니다.

그런데 형이 갑자기 죽는 바람에 왕세자로 책봉됐습니다.

세조는 말년에 병환에 시달렸는데, 이때 왕세자는 수라상과 약을 직접 챙기며 지극 정성으로 간호했습니다. 세조의 건강을 너무 신경 쓰느라 이때 본인 건강이 많이 나빠졌습니다.

1468년 9월 7일, 세조는 죽기 전날 죽음을 예감하고 예종에게 왕위를 물려주었습니다. 이때 예종의 나이 18세였습니다. 예종은 아직 성년이 되지 않았으므로, 어머니 정희 왕후가 수렴청정하고 원로대신들이 섭정하는 원상 제도가 시행됐습니다.

그렇지만 예종은 왕으로서 나라를 바르게 다스리고 싶었습니다. 하여 그해 10월 8일 형법을 공정하게 집행하라며 옥을 맡은 관리들에게 다음과 같은 어명을 내렸습니다.

"옥사를 지체하지 말고 각각 그 관청에서 공경히 이행하고 뒷말이 없게 하여 스스로 후회를 끼치지 말게 하라."

예종은 또한 각도 병영에 속한 둔전을 일반 농민이 경작하게 하여 백성들을 가난에서 벗어나도록 힘썼고, 권력자에게 줄 서는 분경 금지와 이중으로 직업을 갖는 겸판서 폐지, 세금을 대신 내는 대납 금지, 죄짓고 벌받지 않는 면책 특권 제한도 시행했습니다.

이렇듯 적극적이었던 예종은 재위 1년 2개월 만에 1469년 11월 세상을 떠났습니다. 하루 전날 대비를 찾아 문안했을 정도로 건강에 큰 문제가 없었지만, 갑작스럽게 죽은 것입니다. 한겨울인데도 이틀 만에 사체가 변색한 점으로 미뤄, 권력 축소에 불안을 느낀 신하들에 의한 독살이 의심되지만 명확한 증거는 없습니다.

성종
서민과 같은 군주

"이 아이는 선대왕(先大王, 세종)을 닮아 재주가 뛰어나오."

세조(世祖)가 왕비에게 어린 손자 이혈(李娎, 1457~1494)을 두고 한 말입니다. 이혈은 어려서부터 재치 있고 논리정연한 데다 몸가짐도 남달라서 할아버지 세조로부터 큰 사랑을 받았으며, 1469년 예종(睿宗)이 죽자 병약한 형 월산군을 대신하여 12세 나이로 왕위에 올랐으니 그가 바로 성종(成宗)입니다.

성종은 1476년 친정(親政, 직접 나랏일을 돌봄)을 시작하기 전까지 정희 대비(성종 할머니)의 도움을 받았지만 줄곧 현명하게 처신했습니다. 무엇보다 성종은 자신이 먼저 모범을 보이면서 신하와 백성들이 따르게끔 했고, 스스로 잘못을 깨닫고 반성하게끔 이끌었습니다.

한 번은 이런 일이 있었습니다. 각 고을 수령들의 한 해 동안 업적을 평가한 보고서를 받았는데 거기에는 두 고을만이 중등(中等)으로 적혀 있었습니다. 평점이 하등(下等)이면 관직을 박탈하고, 하등 없이 중등만 있을 때는 그중 하나를 골라 벼슬을 빼앗는 게 당시 관행이었습니다.

그런데 성종은 두 고을의 수령을 즉시 궁궐로 부른 다음 이렇게 말했

습니다.

　"너희에게 한 고을을 맡길 때는 내 대신 가서 백성을 잘 다스리도록 함이었거늘, 너희는 보고에 중등으로 평가되어 있으니 내가 부탁한 보람이 어디 있느냐. 괘씸하니 벌을 좀 받아야겠다."

　성종은 내시를 시켜 회초리를 가져오게 하여 그들의 종아리를 세 대씩 때렸습니다. 두 수령은 벌벌 떨며 매를 맞으면서도 다음에 닥칠 더 무서운 처벌을 걱정했습니다. 이때 성종이 말했습니다.

"너희 죄를 엄히 다스리고 벼슬을 떼야 하나, 이번 한 번만 용서해 줄 터이니 너희는 내려가서 선정에 힘쓰도록 하여라. 만일 또다시 보고에 나쁜 평가가 올라오면 그때는 용서 없을 줄 알렸다."

뜻밖에 관대한 처분을 받은 두 수령은 감격하여 눈물로 반성하고 이후 선정을 펼쳐 이듬해에는 상등 평가를 받았습니다. 또 이들에 대한 소식을 들은 각 지방 관리들은 더욱 조심하면서 나랏일에 최선을 다했으니 성종의 따끔한 가르침은 효과 백배였던 셈입니다.

성종은 대체로 넓은 포용력을 보여 주었지만, 개인적 감정과 공적인 일에서는 구분을 명확히 했습니다. 성종 즉위 초기의 일입니다. 한 장사꾼이 살인을 저질러 잡혀 와서는 선왕 세조의 친필을 내보이며 용서를 구했습니다. 거기에는 이렇게 적혀 있었습니다.

'세 번 죽을죄를 지어도 용서한다.'

이상한 일이라서 성종이 사연을 알아보니 세조가 집권하는 과정에서 이 장사꾼이 큰 공을 세웠기에 격려차 써준 각서였습니다. 세조의 아내 정희 대비도 그 사실을 기억하고 성종에게 선왕의 체면을 생각해 용서해 주라고 말했습니다. 이에 성종이 대답했습니다.

"선왕의 친필은 사사로운 은공이고, 살인한 자가 사형당하는 것은 공정한 법입니다. 어찌 사사로운 은혜로써 공정한 법을 무시할 수 있겠습니까?"

성종은 죄인을 엄중히 법으로 다스리되 다만 사형만은 면하게 해 주었습니다. 예외를 두면 사람들이 법을 지키지 않으리라는 걸 잘 알았기 때문입니다.

그런가 하면 성종은 권위를 과시하지 않은 서민적인 군주였습니다. 그는 사관(史官)이 엎드려서 글을 기록하는 걸 보고 말했습니다.

"이제부터 사관은 허리를 쭉 펴고 나의 행동을 잘 살피도록 하오. 그리고 다른 신하들도 어려워 말고 내 과실(過失)을 지적하여 언제나 바로잡아 주시오."

이후 사관과 신하들은 왕 앞에서도 허리를 곧게 펴게 됐으니, 성종의 인품이 참으로 넓음을 알 수 있습니다.

이 밖에도 성종은 세조가 시작한 《경국대전》을 완성하여 반포하고, 유학을 많이 공부한 사림(士林)을 등용하여 학문을 장려했습니다. 이로써 조선의 국가체제가 완성된바 '성종(成宗)'은 그걸 반영한 묘호입니다.

연산군
폭군 중의 폭군

1477년(성종 8년) 겨울에 원자(元子, 왕세자에 책봉되지 않은 임금의 맏아들)가 병이 나자 왕실에서는 법도 있는 집에 옮겨 낫게 한다는 관례에 따라 민간의 점잖은 집 부인을 골라 간호하게 했습니다. 당시 이조판서 강희맹의 부인 안씨가 그 일을 맡아 정성껏 원자를 돌보았습니다. 원자는 이내 건강해졌고 무럭무럭 자랐습니다.

그러던 어느 날 위기가 닥쳤습니다. 노비가 달려와서는 안씨 부인에게 울면서 말했습니다.

"실꾸리를 삼켜 숨구멍이 막혀 숨을 쉬지 못하고 계십니다. 이를 어찌지요."

가서 보니 원자의 얼굴이 파란 것이 거의 죽을 지경에 이르러 보였습니다. 안씨 부인은 즉시 아기를 뉘어 엎어놓고 볼기를 한 대 때렸습니다. 아픔을 느낀 아기는 "으앙" 하고 울며 입을 벌렸습니다. 안씨 부인은 아기의 양쪽 볼을 쥐게 하고 손가락을 넣어 실꾸리를 꺼냈습니다. 아기는 큰 숨을 내뱉으며 살아났습니다. 노비들은 안씨 부인의 지혜에 감탄하며 연신 고맙다고 인사했습니다. 이 아기가 바로 연산군(燕山君, 1476~1506)

입니다.

　연산군은 어린 시절 그 집 소나무 밑에서 자주 놀았는데, 뒤에 임금이
된 뒤 안씨 부인의 공덕을 생각해 소나무에 정삼품에 해당하는 작위를
내리고 소나무에 금줄을 두르게 했습니다.

　연산군은 성종의 큰아들로 1494년 왕위에 올랐습니다. 그는 즉위 초기
에 병기를 많이 만들고 국경 지역에 백성을 이주시켜 영토를 효과적으로

지켰으며 가난한 백성을 위해 곳곳에 곡물창고를 설치하여 민심을 돌보았습니다.

"어머니가 모함으로 사약을 받고 돌아가셨다고?"

하지만 어머니 폐비 윤씨의 죽음에 대한 비밀을 알게 되고, 한편으로 사림파를 제거하려는 훈구파의 정치 공작에 휘말리면서 폭군으로 돌변했습니다. 그의 어머니 윤씨는 성종의 얼굴을 할퀸 일이 발단이 되어 1479년 폐비됐다가 모함을 받아 1482년 사약을 받고 죽었습니다.

그걸 알게 된 연산군은 1498년에 무오사화를 일으켜 사림파를 대거 처형했습니다. 훈구파(각종 정변에서 공을 세워 높은 벼슬을 해 오던 관료층)가 사림파(유학 연구에 힘쓰던 문인 출신 관료층)를 몰아내고자 연산군을 교묘히 부추기고 자극하여 생긴 일이었으나, 연산군은 1504년에는 갑자사화를 일으켜 사림파와 더불어 훈구파까지 숙청했습니다. 두 차례에 걸친 사화 때문에 수많은 학자와 관료들이 죽었지만, 연산군은 그에 그치지 않고 사치스러운 향락을 일삼았습니다.

연산군은 광적으로 아름다운 여자에 집착했습니다. 연산군은 전국 각지에 사람을 파견하여 미혼·기혼 여부를 따지지 않고 미모 뛰어난 여자를 붙잡아오게 했는데 그런 일 하는 사람을 '채홍사(採紅使)' 또는 '채청사(採靑使)'라고 했습니다.

연산군이 나랏일을 제쳐둔 채 오로지 향락의 시간을 보내자 사회 전반

에 걸쳐 국왕에 대한 불만이 커져갔습니다. 간혹 충언하는 신하가 있었으나, 연산군은 반성하기는커녕 아예 귀를 닫고 살았고 나아가 사람들 입을 원천적으로 막으려 했습니다.

"모든 신하들은 말조심 내용이 적힌 신언패(愼言牌)를 항상 지니도록 하라!"

연산군이 조정에 드나드는 관리에게까지 목에 차도록 지시한 신언패는 사실상 더는 충언하지 말라는 독재자의 함구령(緘口令)이었습니다. 이때부터 '함구령'은 '어떤 일의 내용을 말하지 말라는 명령'을 가리키는 말로 종종 쓰이게 됐습니다. 연산군은 자신을 비방하는 한글 투서가 발견되었다 하여 한글 사용을 금지하기도 했습니다.

그렇지만 언론을 탄압한다고 독재가 정당화되지는 않으며 오히려 민심을 돌아서게 만들 뿐입니다. 백성의 원성을 확인한 성희한·박원종 등은 군사를 일으켜 1506년 9월 연산군을 왕위에서 쫓아냈습니다. 그 뒤 연산군은 '군(君)'으로 강등된 뒤 유배지 강화도에서 죽었습니다.

중종
신하들에 휘둘린 국왕

중종(中宗, 1488~1544)은 반정(反正)을 통해 왕위에 오른 인물입니다. '반정'은 옳지 못한 임금을 폐위하고 새 임금을 세워 나라를 바로잡는 일을 뜻하는 말이며, 여기서의 옳지 못한 임금은 연산군입니다. 중종은 성종의 둘째 아들이자 연산군의 배다른 동생이었기에 폭군을 몰아낸 뒤 왕으로 추대된 것입니다.

그런데 중종반정은 자칫 실패할 뻔했습니다. 성희안·박원종 등이 연산군의 지방 유람 일정에 맞춰 거사를 도모하려 했는데, 행사 당일 연산군이 갑작스럽게 일정을 취소했기 때문입니다. 그러나 때마침 호남 지방의 유빈·이고 등이 진성 대군(훗날의 중종) 옹립 격문을 전하자 그 세를 막을 수 없다고 판단한 반정세력은 결단을 내렸습니다.

"돌이킬 수 없는 상황이니 그대로 밀고 나갑시다!"

그리하여 예정대로 무사들을 훈련원에 모으는 한편, 일단의 군인들을 보내 국왕 후보로 지목된 진성 대군 저택을 호위했습니다. 그러나 반정 거사를 미처 모르고 있던 진성 대군과 부인 신씨는 군인들이 자기 집을 포위한 데 대해 몹시 걱정했습니다. 아무래도 큰 변이 날 것만 같아 진성

대군은 겁에 떨며 자결까지 생각했습니다. 그런데 이때 신씨 부인이 기지
를 발휘하여 하인에게 말했습니다.

"밖으로 나가서, 말머리의 방향이 궁을 향했는지 또는 밖을 향했는지
살펴보고 오라."

신씨 부인은 이어 진성 대군에게 위로하듯 말했습니다.

"만일 말머리가 밖을 향했으면 우리를 보호하는 것이니 걱정하지 않아
도 됩니다."

"왜 그렇게 생각하오?"

"우리를 감시한다면 안을 살펴봐야 하지만, 우리를 보호한다면 밖을 쳐다볼 것이기 때문입니다."

밖에 나갔던 하인이 돌아와 말했습니다.

"말머리가 밖을 향해 있습니다."

진성 대군과 신씨 부인은 비로소 안심했습니다. 정변은 성공했고, 성희안 등은 백관을 거느리고 궁중에 들어가 윤대비(尹大妃)의 하명을 받아 연산군을 폐하고 진성 대군을 왕으로 옹립했습니다.

얼마 뒤 신씨는 왕궁으로 들어가 왕비 자리에 앉았습니다. 그러나 신씨 부인은 역적 신수근의 딸이라 하여 일주일도 못되어 왕궁 밖으로 쫓겨 났으며, 왕은 다시 장경 왕후 윤씨를 정실부인으로 맞이했습니다. 조강지처도 공신들 등쌀에 못 이겨 남편과 영영 생이별했으니 권력은 이처럼 냉정한 속성이 있습니다.

중종은 폭군을 내쫓고 왕위에 올랐기에 새로운 유교 정치를 펼치고자 했습니다. 그는 군주의 독재가 아니라 유능한 신하의 도움을 받아 나라를 다스리고자 했는데 마침 그에 맞는 인물을 발견하여 중용했습니다. 바로 조광조입니다.

조광조는 중종의 신임을 바탕으로 깨끗한 도덕 정치를 시행하고자 했습니다. 그러나 조광조의 급진적 개혁 조치에 불안감을 느낀 훈구파가

반발했고, 조광조는 반역을 꾀했다는 누명을 쓴 채 사약을 받았습니다.

조광조의 죽음은 곧 중종의 권위 약화로 이어졌습니다. 중종과 신하들이 서로 믿지 못했기 때문입니다. 사림파는 믿었던 중종에게 버림받았고, 훈구파는 자신들의 공적을 한때 부정당했으니까요.

그런 상황에서 훈구파는 사림파를 제거한 뒤 중종을 압박하면서 자신들의 이익을 추구했습니다. 혼란스러운 정치는 국력을 약하게 만들기 마련입니다. 이러한 정국 혼란은 국방정책을 소홀하게 하여 남방에선 왜인들이, 북방에선 야인들이 끊임없이 분란을 일으키는 원인이 됐습니다.

요컨대 중종은 부패한 연산군에 반대되는 이미지를 위해 정치를 개혁하여 성군(聖君)이 되고자 했습니다. 하지만 그 자신이 완벽한 도덕을 부담스러워한 데다 믿었던 조광조를 내침으로써 혼란과 분쟁만 낳고 말았습니다. 이는 자신의 힘이나 능력이 아니라 신하들의 도움으로 졸지에 왕이 된 자의 한계이기도 했으니 자기 능력은 스스로 키워야 하는 이유가 여기에 있습니다.

인종
효도쟁이 왕

1524년 당시 세자였던 인종(仁宗, 1515~1545)은 금성부원군 박용(朴庸)의 딸과 혼인하여 동궁에서 지냈습니다. 어느 날 밤이었습니다. 갑자기 불이 일어나더니 동궁 주변을 순식간에 둘러싸며 불바다를 이루었습니다.

깜짝 놀라 잠에서 깬 세자는 빈궁(왕세자의 아내)에게 담담하게 말했습니다.

"나는 여기서 불에 타죽을 테니 당신은 어서 피하시오."

"세자마마께서 귀하신 몸을 피하셔야지, 저만 살면 무엇합니까!"

빈궁은 울면서 세자를 끌어내려 했으나, 세자는 움직이지 않고 다시 말했습니다.

"그 전에도 어머님이 나를 죽이려 했을 때, 내가 몸을 피한 것은 부모님께 좋지 않은 소문이 돌아갈까 두려워해서였지 내 목숨이 아까워서 그랬던 것은 아니오. 지금은 아무도 모를 밤중의 화재이니 내가 타서 죽더라도 그럴 염려는 없을 것이오. 어머님 마음을 편히 해 드리고 왕실의 내분을 없게 하면 이것 또한 효도라오. 그러니 어서 빈궁이나 피해 나가시오."

"아니 되옵니다! 그건 아니 되옵니다!"

빈궁이 절규할 때 시종들 역시 달려와서 속히 피하라고 권했으나, 세자
는 요지부동으로 움직이지 않았습니다. 시종들은 대전으로 뛰어가서 중
종에게 그 사실을 알렸습니다. 충격적인 소식에 놀란 중종은 신발도 신지
않은 채 허겁지겁 동궁으로 달려가서 왕의 위엄을 따지지 않고 울부짖듯
소리를 질렀습니다.

"백돌아! 백돌아!"

백돌은 세자의 아명이었습니다. 그러자 그때까지 죽기를 각오하고 방 안에 있던 세자는 잠시 고민했습니다.

'나를 애타게 부르는 소리를 듣고 죽는 것이 어머니에겐 효행이 되나 부왕에겐 불충이 되겠구나.'

하여 세자는 생각을 바꿔 일어나 빈궁과 함께 불길을 헤치고 밖으로 나왔습니다.

동궁에 일어난 화재는 문정 왕후가 꾸민 음모였습니다. 문정 왕후는 장경 왕후 소생인 세자를 무척 미워하여 어떻게든 없애려 궁리하던 끝에, 쥐를 산 채로 많이 잡아서 기름 묻힌 솜을 꼬리에 매달아 밤중에 불을 붙여서 동궁 쪽으로 몰아 보냈습니다.

그렇지만 중종은 문정 왕후의 간사한 말만 믿고 화재 원인을 조사하지 않았으며, 세자 역시 범인을 뻔히 알면서도 아무 말도 하지 않았습니다. 문정 왕후는 세자를 눈엣가시처럼 여겼지만, 세자는 태어난 지 이레 만에 어머니(장경 왕후)를 여의고 계모 문정 왕후의 손에서 자랐기에 문정 왕후를 어머니로 여겨 끝까지 효도하려 한 것입니다.

어쨌거나 그는 1520년 나이 5세 때부터 25년간이나 세자로 머물러 있다가 1544년 중종이 죽자 왕위에 올랐습니다.

조선 12대 임금 인종은 즉위하자 조광조를 비롯해 억울하게 죽은 사림파들을 복권시켜 주면서 다시 사림들을 등용했습니다. 도덕에 기초한 도학 정치를 추구하기 위함이었습니다.

그렇지만 인종은 그런 뜻을 펴 보기도 전에 (조선 역사상 가장 짧은) 재위 9개월 만인 1545년 7월, 30세 젊은 나이로 세상을 떠났습니다.

인종의 갑작스러운 죽음에는 문정 왕후의 음모가 있었으니 지나친 효도 관념이 비극을 낳았습니다. 야사에 따르면 어느 날 인종이 문안 인사

차 대비전을 찾았을 때, 문정 왕후는 평소와 달리 미소를 지으며 떡을 권했습니다. 인종은 난생처음 계모가 자기에게 호의 보이는데 감동하여 별 의심 없이 그 떡을 먹었는데 그날 이후 시름시름 앓다가 얼마 못 가서 숨을 거두었습니다.

자신을 무시하고 괴롭히는 계모에게 초지일관 효도한 인종은 그렇게 의문의 죽음을 맞이했습니다. 인종은 왕이 된 뒤 문정 왕후에게 문안 인사차 들렀다가 "나(문정 왕후)와 경원 대군을 언제 죽일 거냐?"는 황당한 막말을 들었을 때도 계모의 몰상식을 탓하지 않고 자기 효성이 부족함을 자책하며 괴로워했다고 합니다.

그런 점에서 인종의 삶은 어떤 효도가 바람직한지, 조건 없는 효도가 최고인지 새삼 생각하게 만듭니다.

명종

기를 펴지 못한 군주

명종(明宗, 1534~1567)이 창덕궁 후원(後苑)에서 신하를 모아 연회를

베풀었을 때의 일입니다. 정승 상진(尙震)은 평소 술을 즐기지 않았으나,

임금이 내리는 술인지라 다른 신하들처럼 감사히 받아 마셨습니다.

어느덧 연회가 끝나고 상진은 집으로 돌아가다가 너무 취한 나머지 길 한쪽에 엎드려 쉬었습니다. 그 직후 환궁하던 명종이 그것을 보고는 휘장을 덮어 주라고 하였습니다. 명종은 평상시 자신을 보필하는 상진을 보면서 종종 엇비슷한 운명임을 느끼고 누구보다 상진을 아꼈기에 그리 배려해 준 것입니다.

명종은 11세 나이에 조선 13대 왕으로 즉위했지만, 어머니 문정 왕후의 표독함에 기를 펴지 못했습니다. 문정 왕후는 어린 명종을 대신해서 8년 동안 수렴청정하면서 친동생 윤원형을 중용하여 외척 정치를 실시했습니다. 윤원형은 정적들을 죽여 실권을 장악하고 한편으로 수많은 뇌물을 받아 챙겼습니다.

"아, 나는 어찌해야 한단 말인가!"

문정 왕후와 달리 명종은 성품이 어질었고 똑똑했으나 그저 어머니와 외척의 횡포를 바라보며 한숨과 눈물 속에 세월을 보냈습니다. 명종은 친정을 시작한 뒤 사태의 심각성을 느끼고 윤원형을 견제하고자 이량을 중용했습니다. 하지만 이량 역시 권력이 생기자 자기 이득을 챙기기에 바빴습니다. 명종은 혹 떼려다 혹 붙인 격이 된 것입니다.

이러할 때 조금이나마 위로가 된 사람이 있으니 상진입니다. 상진은 문정 왕후의 눈에 들어 높은 벼슬을 했지만, 청렴하고 인자한 태도로 일했거든요. 그렇지만 상진 역시 문정 왕후와 윤원형의 세도에 눌려 뜻하는

대로 일하지는 못했습니다.

관리가 부패하여 사리사욕을 채우기에 급급하면 사회는 어수선해지기 마련입니다. 명종 대에 곳곳에서 도적 떼가 들끓은 이유도 여기에 있습니다. 3년이나 노략질한 임꺽정에게 의적 소리를 할 정도로, 백성은 정부를 미워했습니다. 1565년 문정 왕후가 죽은 뒤 명종은 인재를 고루 등용하고 선정을 펼쳤으나, 너무 시달려서인지 2년 뒤 33세 나이로 숨을 거뒀습니다.

선조
열등감 임금

어느 날 명종이 여러 왕손을 불러 물었습니다.

"충과 효, 둘 중에 어느 것이 더 중하다고 생각하느냐!"

이에 어떤 이는 충이라 말했고, 어떤 이는 효를 말했는데 하성군(河城君)은 이렇게 답했습니다.

"충과 효는 본시 하나로 똑같이 중하옵니다."

명종은 그 대답에 감탄하여 하성군을 더욱 사랑했습니다. 명종이 아들 없이 죽은 뒤에 하성군에게 왕위가 돌아갔습니다. 하성군은 후궁에게서 태어난 서울 출신의 방계 혈족이었으나 명종이 특별히 예뻐한 점을 참작하여 인순 왕후(명종의 부인)가 양자로 받아들여 왕위 계승이 가능하도록 한 것입니다.

이는 조선 정국에 큰 변화를 일으키는 사안이었습니다. 혈통을 중시하는 사회에서 직계 혈족이 아닌 사람이 국왕이 된 까닭에 왕의 권위가 한층 떨어지게 됐으니까요. 이로 인해 척신 정치가 사라지고 사림세력이 전면으로 등장했고 붕당 정치가 시작됐습니다. 다시 말해 왕권(王權)보다 신권(臣權)이 강해진 것입니다.

'내 자식만큼은 정통성 있게 왕위를 물려주고 싶다.'

이런 배경을 바탕으로 왕이 된 선조(宣祖, 1552~1608)는 남모를 열등감을 가지고 이처럼 생각했지만, 일은 뜻대로 되지 않았습니다. 선조는 정식 왕비의 아들을 세자로 책봉하고 싶어 했으나, 정비(正妃)인 의인 왕후 박씨가 아이를 낳지 못했거든요. 선조는 후궁 6명에게서 왕자 13명과 옹주 10명을 얻었지만, 대신들은 각기 자신들이 원하는 후궁의 왕자를 지지하면서 갈라섰습니다.

"광해군을 세자로 책봉함이 옳을 줄 아뢰오."

정철은 세자 책봉 문제로 나라가 시끄러워지는 걸 보다 못해 이처럼 건의했습니다. 선조는 둘째 아들 광해군을 세자로 세울 마음이 없었기에 분노하여 '왕의 위세를 넘봤다'는 죄명으로 정철을 멀리 유배 보냈습니다. 더불어 정철을 비롯한 서인(西人) 세력이 몰락했고, 동인(東人)이 세를 크게 키웠습니다.

선조는 나이 마흔이 넘어서도 세자 책봉을 미루고 이제나저제나 정실에게서 아들이 태어나기를 기다렸습니다. 그러다 위기를 맞았습니다. 일본이 조선으로 침략해 올 조짐을 보였기 때문입니다. 선조는 1590년 사람을 보내 상황을 파악하게 했습니다. 일본을 다녀온 서인 쪽 통신사 황윤길은 '침략 예상'을 보고했으나, 동인 쪽 부산 김성일은 '그럴 필요 없다'고 상반되게 말했습니다. 결국 선조는 집권 세력인 동인 쪽의 주장을 받아들여 전쟁을 대비하지 않았습니다.

1592년 일본은 기습적으로 조선을 쳐들어왔고 빠른 기세로 한반도를 휩쓸었습니다. 선조는 한양을 버리고 북쪽 의주로 도망가야 했습니다. 백성들은 화가 나서 왕궁에 불을 질렀고 나라는 엉망이 되었습니다.

선조는 광해군을 세자로 책봉하여 전쟁에 맞서게 했습니다. 광해군은 나름대로 잘 대처하여 조금씩 전세를 뒤집어 나갔습니다. 상황을 보고받은 선조는 광해군에게 편지를 보내 고맙다는 마음을 전했습니다.

피난 도중 선조는 '묵'이라는 이름의 생선을 맛있게 먹은 일이 있었습니다. 그때 선조는 생선을 차분히 살펴보더니 배 부분이 은색으로 빛난다면서 '은어(銀魚)'라고 부르라 말했습니다. 선조는 전쟁이 끝난 뒤 피난길에서 먹었던 생선을 잊지 못해 수라상에 올리라고 말했습니다. 그러나 다시 먹어보고는 맛없다며 고개를 저었습니다. 배고플 때의 맛과 같을 리 없건만 그건 생각지 않고 선조가 말했습니다.

"이 물고기를 도로 묵이라고 불러라!"

하여 은어는 도로 묵이 되었고, 이후 '도루묵'으로 불리게 됐습니다.

선조의 변덕은 도루묵에게만 해당하지 않았습니다. 전란이 끝나고 광해군을 미워했거든요. 의인 왕후에 이어 맞이한 인목 왕후가 아들(영창 대군)을 낳자 광해군을 구박한 것입니다.

평화의 시대였다면 선조는 현군이었을 사람이었습니다. 퇴계 이황과 율곡 이이를 나라의 스승으로 여기고 대우해 줄 정도로 인재를 볼 줄 알았으니까요. 하지만 자신의 신분 한계와 관계된 당파 싸움이 그의 발목을 잡았고, 결과적으로 전쟁의 참화를 겪게 만든 우유부단한 왕이란 평가를 받게 됐습니다.

광해군
절묘한 외교가 임금

선조가 세자를 가리기 위해 여러 왕자를 시험했을 때의 일입니다. 선조가 물었습니다.

"반찬을 만드는 것 중 무엇이 으뜸이냐?"

광해군(光海君, 1575~1641)이 대답했습니다.

"그것은 소금이옵니다."

"왜 그렇다고 생각하느냐?"

"여러 가지 맛을 조화시키려면 반드시 소금이 있어야 하기 때문입니다."

선조는 마음속으로 감탄하면서 이어 물었습니다.

"너에게 부족한 것이 있느냐?"

광해군은 조금 우울한 표정을 짓더니 답했습니다.

"어머니가 일찍 돌아가신 일이 가장 애통하옵니다."

선조는 자질로만 보면 광해군을 후계자로 생각했습니다. 하지만 정비에게서 얻은 아들이 아니었기에 차일피일 미루다 1592년 이른바 임진왜란이 일어나자 피난지 평양에서 서둘러 세자로 책봉했습니다. 선조는 의

주로 가는 길에 광해군에게 국사권섭(國事權攝, 임시로 나랏일을 맡아봄) 권한을 주었습니다.

광해군은 당시 나이 17세였지만, 매우 현명하게 국가 재난에 대처했습니다. 정부의 힘만으로는 왜군에 맞서기 힘들므로, 광해군은 각지에서 의병을 모집하고 군량을 조달했습니다. 그를 비롯한 이순신 등의 활약으로 마침내 전쟁을 끝냈고 이제 광해군은 순조롭게 왕위를 물려받을 듯싶었습니다.

그러나 아니었습니다. 1606년 선조의 계비인 인목 왕후가 영창 대군을 낳자 광해군의 입지가 크게 흔들렸습니다. 소북(小北)파는 영창 대군을 후사로 삼아야 한다고 주장했습니다. 선조도 그러려고 했으나 1608년 갑자기 위독해지자 광해군에게 양위한다는 교서를 남기고 죽었습니다. 영창 대군이 너무 어렸으므로 부득이하게 그리 결정한 것이었습니다. 어렵사리 조선 제15대 임금이 된 광해군은 대내외적으로 혼란한 시대에 통치자로서 탁월한 능력을 보여 주었습니다. 광해군은 무엇보다 새롭게 변한 외교 관계를 풀어나가야 하는 문제를 지혜롭게 해결했습니다.

17세기 초 한반도 북쪽에서는 만주족 누르하치가 세운 후금(後金, 청나라)이 명나라를 궁지로 몰아넣으면서 새로운 강자로 떠올랐습니다. 누르하치는 곁눈질로 조선을 위협했고, 명나라는 조선에 출병을 요청했습니다. 조선으로서는 대단히 어려운 순간이었습니다. 만약 명나라 요청대로 출병하면 후금이 조선을 공격하러 올 것이고, 명의 요구를 거부하면 명나라가 조선을 치러 올 것이기 때문입니다. 대부분의 조선 관리들은 임진왜란 때 명나라가 도와준 은혜를 생각해서 출병해야 한다고 주장했습니다. 그러나 광해군의 생각은 달랐습니다.

'노련한 명나라와 사나운 후금 사이의 싸움에 끼어들면 조선은 망할 수밖에 없다.'

하여 광해군은 절묘한 중립 외교를 펼쳤습니다. 광해군은 누르하치에게 약간의 필요 물자를 제공해 환심을 사는 한편 만주 지역으로 첩자를 보내 동정을 살폈습니다. 그리고 그렇게 해서 얻은 평화적 기간에 만약을 대비해 대포를 만들고 조총으로 무장한 부대를 양성했습니다.

명나라가 거듭 원병을 요청하며 최후통첩을 보내자, 광해군은 통역관 출신의 강홍립을 사령관으로 한 1만 5천 명 군사를 보냈습니다. 이때 광해군은 명나라 장수에게 휘둘리지 말고 상황에 따라 대처하라는 지침을 주었습니다. 강홍립은 명나라가 전투에서 패하는 걸 확인하고는 후금에게 투항한 뒤 뛰어난 중국어로 본의 아닌 출병임을 해명했습니다. 이로써 조선은 후금의 침략을 모면했으니, 광해군은 명나라와 후금 사이에서 명분을 지키면서 실리도 챙기는 탁월한 외교정책을 보여 준 셈입니다.

한편 광해군은 재위 기간 중 영창 대군을 죽이고 인목 대비를 폐하였기에 패륜의 임금으로 간주되기도 하는데, 이는 왕권을 지키기 위한 몸부림이었습니다. 그렇지만 광해군은 1623년 중립 외교에 불만을 품은 서인 세력의 반정에 의해 결국 폐위되었습니다. 무능해서가 아니라 정치적 반대파에 의해 제거된 것입니다.

인조
굴욕의 왕

"대비를 폐해야 합니다."

1617년 이이첨·정인홍 등 대북파가 광해군에게 이처럼 진언했고, 이에 따라 인목 대비는 삭호(칭호를 뺏음) 당한 채 서궁에 갇혀 지냈습니다. 이 폐모는 대북파가 정권을 더욱 강화하려는 조치였지만, 결과적으로 눌려 지내던 서인이 정권을 뺏도록 만들었습니다.

그때 이항복은 폐모론에 반대하다가 북청으로 유배를 가게 됐는데, 수십 리를 따라 나온 제자 이시백에게 남몰래 말 그림 한 장을 주며 수수께끼 같은 말을 했습니다.

"빨리 교동(校洞) 큰길가로 집을 옮기고, 이 그림을 사랑방(舍廊房) 벽에 붙여 두게."

이시백은 그게 무슨 뜻인지도 모르고 스승의 지시대로 실행했습니다.

그로부터 5년이 지난 1622년 여름에 이시백의 교동 집 앞을 지나던 능양군(綾陽君, 1595~1649)이 소나기를 피하고자 그 집 사랑방을 향해서 처마 밑으로 들어섰습니다. 그리고 우연히 말 그림을 보고는 깜짝 놀랐습니다. 자신이 어렸을 때 장난삼아 그렸던 그림이었던 까닭입니다.

능양군은 집주인을 찾아 어찌 된 일인지 물었고, 이시백은 그 사연을 설명했습니다. 그러자 능양군이 말했습니다.

"언젠가 우리 왕자와 왕손들이 글씨 공부와 그림 공부를 한 뒤에 오성(이항복)에게 보아달라고 한 일이 있습니다. 그런데 하루는 오성이 저 그림을 가보로 삼겠다고 가져갔는데, 이는 아마 오성이 우리에게 서로 동지가 되라는 암호로 이 댁에 전한 모양입니다."

그날부터 이시백과 그의 아버지 이귀는 능양군의 반정(反正) 운동 동지가 되었습니다. 이듬해 거사는 성공하여 능양군은 제16대 국왕으로 즉위했습니다. 이시백 부자는 공신이 되었고, 이시백은 정승에까지 올랐습니다.

이항복은 대비 폐모가 필연적으로 반정을 부르리라 예상했고, 실제로 반정 세력은 '광해군이 어머니를 폐했다'는 패륜론을 명분으로 내세우며 거사를 단행했습니다.

인조반정(仁祖反正)은 성공했지만, 진행 과정에서 위기도 있었습니다. 치밀하지 못한 성격의 이귀가 모의 사실을 발설했기 때문입니다.

"자네만 알고 있어. 지금 아주 은밀히 거사를 준비하고 있다네."

이 이야기는 돌고 돌아 결국 광해군 처남인 유희분 귀에까지 들어갔습니다. 유희분은 친한 대간을 시켜서 이귀를 탄핵하고 국문(鞠問, 중대한 죄인을 신문하는 일)하도록 청했습니다.

반정을 주도한 김자점은 재빨리 광해군 측근인 김상궁에게 뇌물을 써서 그저 그런 당파 싸움의 하나로 보이게 했습니다. 이귀는 이귀대로 상소하여 자신이 억울하게 누명을 썼다고 주장했습니다. 이에 광해군은 양쪽 의견을 모두 무시해 버렸습니다.

1623년 3월 23일 새벽에 반정군은 창의문을 부수고 궁궐로 침입했습니다. 이날 가장 큰 역할을 한 사람은 훈련대장 이흥립이었습니다. 그는 임진왜란 이후 크게 키운 부대인 훈련원을 책임진 장수였으나, 반정군에게 매수되어 반란을 방치했습니다. 이흥립은 대궐문 어귀에서 "모든 군사는 내가 말머리를 돌리거든 화살을 쏘라!"고 지시하고는 끝까지 말머리를 돌리지 않았습니다.

　　반란은 성공했고, 능양군이 조선 제16대 임금이 되었습니다. 패륜론을 내세우긴 했지만, 인조의 집권은 사실 명분이 약했습니다. 하여 인조는

정통성을 다지기 위해 광해군을 폭군으로 평가하는 한편 오랑캐 후금과의 외교 관계를 적극 비판했습니다. 같은 맥락에서 인조는 친명배금정책(親明拜金政策)을 실시하며 망해 가는 명나라를 존중했습니다. 이런 외교 정책은 후금을 자극해서 뒤에 정묘호란(1627년)과 병자호란(1636년)을 연이어 자초했습니다.

엎친 데 덮친 격으로 즉위 초기인 1623년 7월 유몽인 등의 역모가 있었고, 그해 가을에는 흥안군을 왕으로 추대하려는 역모가 있었으며, 1624년에는 반정공신 이괄이 낮은 벼슬에 불만을 품고 반란을 일으켰습니다. 이때 인조는 공주까지 피난 갔다가 겨우 살아 돌아왔습니다.

이러하기에 인조는 조선 시대 최악의 굴욕적인 왕으로 평가받고 있습니다.

효종
북벌 추진 담대한 대왕

　효종(孝宗, 1619~1659)은 지모(슬기로운 꾀)가 비상해서 판서나 감사가 흑백을 가리지 못하는 난처한 송사도 귀신같이 판가름하곤 했습니다.

　어느 해 나무꾼이 산속 절벽 위에서 사람 넷이 죽어 시체로 있는 걸 발견하여 관가에 신고해 왔습니다. 사건 현장은 대략 이러했습니다. 그들 중 한 사람은 목을 매어 죽었고, 다른 세 사람은 여기저기 쓰러져 죽어 있었습니다. 근처에는 보따리 네 개와 빈 술병 한 개가 놓여 있었으며, 세 보따리에는 돈이 잔뜩 들어 있었습니다. 관원이 나가 현지를 자세히 살펴보았으나 어찌 된 일인지 도무지 알 수 없었습니다.

　"참으로 해괴한 사건이로다."

그 고을의 수령은 사건을 해결할 수 없자 감사에게 보고했습니다. 감사도 조사에 나섰지만, 별다른 단서를 얻지 못한 채 조정에 미결 사건으로 보고했습니다. 조정이라고 다를 게 없어서 그냥 궁금해하고 답답해할 뿐이었습니다.

마침내 왕에게 그 사건을 보고하자, 효종은 잠시 생각하더니 이렇게 말했습니다.

"죽은 네 놈은 모두 한패의 도둑놈이다."

한 신하가 조심스레 의문을 달았습니다.

"큰돈이 있는 거로 보아 도둑이라는 것은 짐작하겠습니다만 그렇다면 왜 그 돈을 버리고 모두 죽었을까요?"

신하는 도둑들이 자살한 것으로 짐작하며 그리 말한 것입니다. 이에 효종이 답했습니다.

"그놈들은 도둑질할 때는 합심했을 것이다. 그러나 훔친 돈을 나눌 때 욕심이 생긴 나머지 조금이라도 더 차지하려고 서로 죽인 게 분명하다."

"그럼 한 놈이라도 살아서 그 돈을 가지고 가야 하지 않겠습니까?"

"그놈들은 산속으로 가자 술 생각이 나서 한 놈에게 술을 사 오라고 시겼을 것이다. 술병이 그걸 증명한다. 술을 사러 간 놈은 저 혼자 그 돈을 가지려고 술에 독을 타서 가지고 왔을 것이다."

효종은 잠시 뜸을 들인 다음 이어 말했습니다.

"그렇지만 세 놈은 세 놈대로 술 사러 간 놈을 죽이고 몫을 늘리자고 작당했을 것이다. 하여 세 놈은 술병 들고 온 놈이 오자 달려들어 목을 매어 죽였을 것이다. 그 뒤에 세 놈은 독이 든 줄도 모르고 술을 마셨다가 제 놈들도 죽은 것이 분명하다."

이로써 사건의 전모가 밝혀졌으니, 효종의 놀라운 분석력에 신하들은 연신 감탄했습니다.

효종은 인조의 둘째 아들로 태어나 병자호란 때 청나라에 끌려가 8년 동안 볼모로 살았습니다. 형 소현 세자가 갑자기 죽는 바람에 대를 이어 세자로 책봉되었고, 1649년 제17대 임금으로 등극했습니다.

효종은 약소국의 비극을 몸소 겪었기에 그것을 복수하고자 군비를 확정하면서 북벌(北伐) 계획을 세웠습니다. 이완을 훈련대장에 임명하여 군대를 강하게 훈련시켰고 한양 외곽의 성지(城池)를 수보하고 군량을 저장하여 강화도 일대의 수비를 강화했습니다. 또한 표류해 온 네덜란드인 하멜 등을 훈련도감에 예속시켜 이완의 지휘 아래 조총·화포 등의 신무기를 개량하게 했습니다.

효종은 수시로 강화도를 방문하여 진행 상황을 점검했는데 그때마다 강화도 군마목장에 있는 흰 바탕에 푸른 점을 가진 말이 용케도 왕의 행차를 알고 강을 건너 왕을 태워 모시고 오고 돌아가실 때 모시곤 했습니다. 이를 기특하게 여긴 효종은 이 명마에게 벌대총(伐大驄, 대륙을 정벌할 푸른 말)이란 이름을 지어 주면서 특히 아꼈습니다.

그런데 벌대총이 어느 날 왕을 배웅하고 돌아오는 길에 쓰러지더니 그대로 죽고 말았습니다. 이 소식을 들은 효종은 "하늘이 나를 버리는구나." 하며 크게 슬퍼했다고 합니다.

불행하게도 효종은 재위 10년 만에 갑작스레 세상을 떠났습니다. 얼굴에 생긴 작은 종기를 대수롭지 않게 여기다가 이튿날 눈을 뜰 수 없을 만큼 병이 악화하고, 독기를 빼고자 침을 맞았다가 며칠 뒤 40세 나이로 숨을 거두었습니다. 그와 더불어 처음이자 마지막이었던 조선 시대 북진 정책도 허망한 꿈이 되어 버렸습니다.

현종
미식가 군주

효종의 맏아들인 현종(顯宗, 1641~1674)은 어려서부터 효심이 지극하고 생각이 깊었습니다. 청나라에서 볼모로 있다가 먼저 돌아오게 되자 매일 해 뜰 때마다 아버지가 있는 곳을 향해 절하며 돌아오기를 기도했습니다. 그뿐만 아니라 맛있는 음식을 대할 때 효종이 있는 곳에서 생산되지 않는 것이면 바로 보내고서야 맛을 볼 정도였다고 합니다.

현종은 인정을 베푸는 데에 있어 특정인만이 아닌 사람 자체를 생각했습니다. 한 번은 이런 일이 있었습니다. 할아버지인 인조가 방물(方物, 각 지방에서 임금에게 바치던 진상물)을 살펴보다가 표범 가죽을 만져보고는 내관에게 말했습니다.

"품질이 너무 나쁘니 되돌려 보내라 하라."

이때 곁에 있던 당시 나이 7세의 현종이 조심스레 말했습니다.

"표범 한 마리를 잡으려면 아마도 사람이 많이 다칠 듯합니다."

"…… 그래, 그렇겠구나."

인조는 그 뜻을 가상히 여겨 돌려보내지 말라고 번복했습니다. 현종은 신분이 높고 낮고를 따지지 않고 누구나 존중한 것입니다.

　현종은 효종의 뒤를 이어 1659년 왕위에 올랐으나 남인과 서인이 효종
에 대한 자의 대비(인조의 계비)의 복상 기간(服喪期間)을 두고 심각하게
다투는 바람에 자기 뜻을 제대로 펼치지 못했습니다.

　현종은 선왕인 효종이 추진해 오던 명분론적 북벌을 중단했으나, 군비
강화에 힘써 국방을 튼튼히 했으며 전라도 지방에 대동법(각 지방의 공
물을 쌀로 통일하여 바치게 한 제도)을 시행하여 쌀을 확보하면서 특산
물 수송과 저장에 따른 불편을 없앴습니다.

한편 현종은 보기 드문 미식가로서 맛난 별미를 자주 즐겼습니다. 한 예를 들면 현종은 잡채에 석이버섯이 들어간 음식을 먹은 뒤 그 맛에 크게 감탄하며 석이잡채를 만든 숙수(요리사)에게 참판 벼슬을 주었을 정도입니다.

그러나 현종은 1674년 33세 나이로 갑자기 죽었습니다.

숙종

자기반성 통치자

숙종(肅宗, 1661~1720)이 영남 지방을 시찰하고 돌아온 어사 이관명을 불러들여 보고받았을 때의 일입니다. 숙종은 수고를 위로한 뒤 물었습니다.

"영남 지방에 관리들의 민폐가 있던가? 본 대로 보고하라."

"황송하오나 한 가지만 아뢰겠습니다. 통영 관할 밑의 섬 하나가 대궐 식구의 소유로 되어 있고 관리의 수탈이 심해서 백성들 살림이 참으로 비참했습니다."

그 말에 숙종이 벌컥 화를 내며 호령했습니다.

"내가 일국의 임금으로 조그만 섬 한 개 후궁에게 준 일이 불찰이란 말이냐!"

그러나 이관명은 긴장하기는커녕 태연히 말을 이었습니다.

"상감마마께서 소신을 그리 탓하시니 물러나겠습니다. 파직하여 주옵소서."

"그렇게 생각한다면 그만두어라!"

숙종은 옆에 시립해 있던 승지에게 전교(傳敎, 임금의 명령)를 쓰라고 분부했습니다. 승지는 당황한 얼굴로 붓을 들고 왕명을 기다렸습니다.

"수의어사 이관명에게 부제학(정3품)을 제수한다."

승지는 한 계급 승진시키는 뜻밖의 분부를 듣고 놀라면서 그대로 교지를 썼습니다.

"한 장 더 쓰라. 부제학 이관명에게 홍문제학(종2품)을 제수한다."

승지가 또 놀라며 두 번째 교지를 다 쓰기도 전에 숙종이 또 말했습니다.

"홍문제학 이관명에게 호조판서(정2품)를 제수한다."

이관명은 벼슬에서 쫓겨나는 줄 알았는데 오히려 3계급이나 잇달아 승진된 것입니다. 숙종은 이관명을 바라보며 부드러우면서도 간곡한 표정으로 부탁했습니다.

"경의 충간으로 내 잘못을 깨달았소. 경에게 호조를 맡길지니 앞으로 모든 민폐를 없애도록 잘 단속해 주오."

제19대 국왕 숙종은 1674년 즉위한 이래 대동법을 전국적으로 확대 시행하여 큰 성과를 거두는 한편 상평통보(常平通寶)를 만들어 널리 사용하게 했습니다. 거래할 때 쌀이나 포(布, 베)를 주고받던 일이 가벼운 동전으로 대체되자 상품 화폐 경제가 발달하면서 상업이 활성화됐습니다.

숙종은 1691년에 노산군을 단종으로 복위시키고, 사육신에게 벼슬을 다시 내렸습니다. 그런가 하면 1712년에는 백두산 정상에 정계비를 세워 국경선을 확정했습니다. 이렇듯 여러 방면에서 합리적인 정치를 펼쳤지만, 숙종은 사랑에 있어서 조금 문제가 있었습니다.

미모의 궁녀 장씨를 지나치게 사랑한 나머지 인현 왕후를 쫓아낸 것입니다. 궁녀 장씨는 아들이 세자로 책봉되어 희빈이 됐습니다. 장희빈은 남몰래 인현 왕후를 저주하며 죽기를 기도했으나 숙종은 그걸 미처 몰랐습니다. 숙종은 인현 왕후 폐위를 반대하는 신하들을 내치면서까지 장희빈을 예뻐했고 급기야 왕비로 맞이했습니다.

1701년(숙종 27년)에 인현 왕후가 원인 모를 질병으로 죽었고, 뜻밖의 소식을 접한 숙종은 인현 왕후가 자식도 없이 폐비되어 심한 고생 끝에 죽었음을 알고 슬퍼했습니다. 뒤늦게 잘못을 깨달은 숙종은 장희빈에게 사약을 내렸고 이후 빈(嬪)을 비(妃)로 승격하는 것을 법으로 금했습니다.

한편 숙종은 고양이를 무척 좋아하여 궁중에서 고양이 한 마리를 길렀습니다. 숙종은 그 고양이를 무척이나 아끼고 사랑했는데, 숙종이 승하하자 그 고양이는 먹이를 전혀 먹지 않더니 그대로 굶어 죽었습니다. 조정에서는 매우 의로운 고양이로 여겨 숙종릉인 명릉(明陵) 길가에 매장했다고 전합니다.

숙종의 재위 기간에 붕당 정치는 절정에 달했습니다. 하지만 숙종은 당파 간의 견제와 대립을 이용해 왕실 권위를 회복하면서 왕권 우위를 확보하려 노력했습니다. 또한 숙종은 자신의 잘못을 인정하는 자세를 보임으로써 더 나은 군주가 되고자 했습니다. 그런 점에서 숙종은 무너져가는 왕권을 다시 일으켜 세운 통치자라고 말할 수 있습니다.

경종
신경 쇠약 앓던 국왕

　조선 제20대 국왕 경종(景宗, 1688~1724)은 숙종과 희빈 장씨 사이에서 태어난 아들입니다. 당시 왕자가 없었던 상황에서 숙종은 자신이 예뻐하는 희빈 장씨가 아들을 낳자 두 달 만에 원자(임금의 적장자)로 봉했고, 두 살 때 왕세자로 책봉했습니다.

　하지만 그의 정신은 평화롭지 못했습니다. 숙종이 내쳤던 인현 왕후를 복위시켜주면서 희빈 장씨에게 스스로 목숨을 끊으라고 명했기 때문입니다. 당시 세자였던 경종은 임금은 물론 대신들을 찾아다니며 어머니 희빈 장씨의 목숨을 구해달라고 간청했으나 비극을 막을 수 없었습니다.

　"과인 몸이 아프니, 대신 나랏일을 처리하라."

　숙종이 지병으로 누운 뒤 대리청정을 맡았을 때, 경종은 매우 신중하게 처신했습니다. 행여라도 일 처리를 못하거나 잘못 판단하면 세자 자리에서 쫓겨날 가능성이 컸기 때문입니다. 그를 못마땅하게 바라본 노론(老論) 세력이 세자의 트집을 잡으려 애썼지만 큰 위기는 없었습니다.

　우여곡절 끝에 경종은 32세 때인 1720년 조선 제20대 국왕이 되었습니다.

이제 왕으로서의 힘을 가졌음에도 경종은 오랜 세월 눈치 보며 살아온 나머지 신경 쇠약으로 힘든 나날을 보냈습니다. 어려서부터 뚱뚱한 몸집에 후덕한 외모를 지녔지만, 건강은 몹시 나빴습니다.

한번은 신하들과 나랏일을 의논하던 도중에 잠시 몸을 돌려 요강에 오줌을 싸기도 했습니다. 민망함을 느낀 신하들이 잠시 자리를 비키겠다고 하자 경종은 괜찮으니 그대로 있으라 말했습니다. 그만큼 경종의 몸 상태는 좋지 않았습니다.

경종은 대부분 앓아누웠지만 백성의 고충을 해결해 주려는 노력도 했습니다. 흉년이 들었을 때 세금을 낮춰 주었고, 수총기와 문신종을 제작하도록 했습니다. '수총기'는 불을 끌 때 쓰는 일종의 소화기이고, '문신종'은 언제든 누르면 때를 알려주는 탁상시계입니다.

경종은 재위 4년 만인 1724년 세상을 떠났고, 이복동생 연잉군이 다음 왕위를 이었습니다.

영조
장수 국왕

    조선 제21대 왕 영조(英祖, 1694~1776)는 숙종의 둘째 아들이지만, 그 어머니인 숙빈 최씨는 본래 궁궐 우물에서 물을 긷는 무수리였습니다. 무수리는 대궐 나인 중에서도 가장 천한 신분으로 물 긷기·불 때기 등 여러 허드렛일을 했습니다. 영조 어머니는 어쩌다 숙종의 눈에 들어 왕자를 낳았음에도 출신 신분이 낮아 무시를 당했습니다. 영조 또한 왕자이면서도 배다른 형인 경종(景宗)과 다르게 궁궐 바깥 초라한 집에서 어렵게 살았습니다.

"왕자는 아무나 하는군!"

사람들은 뒤에서 수군거렸고, 영조는 평민과 다름없이 먹고 입으며 하루하루를 힘든 마음으로 지냈습니다. 더구나 그의 어머니는 일찍 세상을 떠나 빈(嬪)의 예우도 받지 못했고, 경기도 양주 고령산 기슭에 초라하게 묻혔습니다. 궁중 예법이 엄격한 탓에 능(陵)이나 원(園)자가 아닌 묘(墓)자를 붙였습니다. 일반적으로 '능'은 임금이나 왕후의 무덤, '원'은 세자와 후궁의 무덤, '묘'는 대군·공주·옹주·귀인 따위의 무덤을 가리킬 때 쓰는 말입니다. 영조는 그걸 늘 마음에 걸려 했습니다.

'소령능은 어렵더라도 소령원도 아닌 소령묘가 무엇이란 말인가.'

1724년 경종이 병치레 끝에 죽자 영조가 우여곡절을 겪으며 왕위에 올랐습니다. 국왕이 된 영조는 그동안 가슴에 쌓인 한을 풀고자 오랜 노력 끝에 어렵사리 어머니 숙빈 최씨 무덤에 '원'자를 붙여 소령원(昭寧園)으로 격상시켰습니다. 영조 자신은 소령능을 원했지만, 대신들이 극구 반대하여 '원'으로 한 것입니다. 그때가 1744년이며, 그 직후의 일입니다.

하루는 영조가 변장하여 궁을 나와 백성들 삶을 살펴보다가 어떤 나무꾼이 향나무를 팔고 있는 걸 보았습니다. 영조는 어디서 해 온 나무냐고 물었고, 나무꾼은 별생각 없이 소령능이 있는 마을에서 해왔다고 대답했습니다. 나무꾼은 능과 원을 구별하지 못해 그리 말했으나 영조는 '소령능' 소리에 감격했습니다. 하여 나무꾼의 향나무를 비싼 값에 산 다음 그를 소령원 능참봉에 제수했습니다.

영조는 평생 사치를 멀리했는데 그 이유 역시 어머니 신분과 자신의 젊은 날 고생과 관계가 깊습니다. 영조는 국왕답지 않게 검소하게 생활했으며 친히 움직이는 것을 꺼리지 않았습니다.

영조는 거처하는 대궐 방문의 종이가 뚫어지면 손수 종잇조각을 발랐고, 버선도 해진 데가 있으면 기워서 신었습니다. 임금은 날마다 새 버선

을 신는 게 관례이지만, 낭비라면서 신었던 버선을 또 신은 것입니다. 영조는 또한 용상(龍床, 임금이 정무를 볼 때 앉는 평상)에 비단을 사용하지 말고 무명천으로 짓게 했습니다. 임금 스스로 모범을 보여야 신하와 백성이 따를 거라는 생각에서였습니다. 영조는 심지어 방석조차 깔지 않고 자리에 앉곤 했습니다.

어느 날 호조판서는 임금이 장판 위에 앉는 일이 송구스러워서 방석 한 개를 만들어 진상했습니다. 이때 호조판서는 사치스러운 비단을 피하면서도 무명천에 푸른 물을 들이고 그 속에 솜을 넣어 나름대로 세련된 방석을 만들어 바쳤습니다.

"전하, 무명으로 만든 것이오니 옥체를 보존하심에 사용해 주소서!"

영조는 그 방석을 받아 사용하다가 사흘 뒤 호조판서에게 방석을 돌려주며 이렇게 말했습니다.

"깔고 앉아 보니 몸은 편하도다. 하지만 몸이 편하니 자연히 게을러지기에 더는 쓰지 않기로 했도다."

이 말에 호조판서를 비롯한 모든 신하가 감동했다고 합니다.

영조는 여러 방면에서 철저히 사치를 배격했습니다. 한 예를 들면 영조는 조선 왕조 사상 가장 오랜 기간 금주령을 내려 곡물을 낭비하지 못하게 했습니다. 영조는 부지런해서인지 1724년 8월부터 1776년 3월까지 무려 52년간 재위했으며 조선 역대 왕의 평균 수명인 47세보다 훨씬 긴 82

세까지 수를 누렸습니다.

한편 영조는 탕평책(蕩平策)을 추진해 화합에 힘썼고 균역법을 시행해 백성의 세 부담을 절반으로 줄여 주었으며 실학(實學)을 후원하여 정치를 안정시켰습니다. 그러나 근본적으로 당파 싸움을 없애지는 못했고, 오히려 정쟁의 소용돌이에 말려 자기 아들(사도 세자)을 죽게 했습니다. 영조는 조선 국왕 중에서 가장 장수했으나, 개인적으로는 가장 슬프게 산 셈입니다.

정조

총명 임금

"꽹개개개괭!"

1791년 1월 18일, 정조(正祖, 1752~1800)가 현륭원 참배를 마치고 환궁할 때의 일입니다. 주변에 모인 백성들 중 김이수란 사람이 친위대 경호를 뚫고 꽹과리를 울리며 행렬에 뛰어들었습니다. 그는 재빨리 엎드리더니 할 말이 있음을 아뢰었습니다.

"멈춰라!"

정조는 행차를 멈추고 그의 이야기를 들었습니다. 사정은 대략 이러했습니다. 김이수는 흑산도에 살고 있는데 닥나무(종이 제작 재료) 세금이 너무 가혹해서 나주목사와 전라감영까지 연이어 찾아가 시정을 요청했으나 받아들여지지 않자 마지막 수단으로 한양까지 찾아온 것입니다.

"닥나무도 생산되지 않고 종이를 만들 수도 없는데 세금을 지우는 일은 마치 거북이 등에서 털을 깎아오라는 것과 다를 바 없습니다."

정조는 김이수의 말을 듣고 궁궐로 돌아와 실상을 보고하라 지시했습니다. 그 결과 세금이 높은 것은 사실이나 세금을 깎아 주면 국가 관청의 재정 상태가 나빠지는 어려움이 있음을 알게 됐습니다. 그렇지만 정조는

국가의 할 일은 손상익하(損上益下, 윗사람에게 해를 끼쳐 아랫사람을 이롭게 함)라며 김이수의 요청을 들어주었습니다.

　김이수가 시도한 일은 많이 무모해 보였지만, 김이수의 생각은 달랐습니다. 그는 정조 임금이 격쟁(擊錚)을 시행할 만큼 백성의 소리에 귀 기울이는 현군(賢君)임을 확신하여 돛단배에 몸을 맡긴 채 바다를 항해한 다음 한양까지 간 것입니다.

'격쟁'이란 무엇일까요? 擊(부딪칠 격) 錚(쇳소리 쟁)이라는 문자 그대로 꽹과리(혹은 징)를 두들겨 울린 다음 소원을 말하는 제도입니다. 조선 초기 신문고(申聞鼓) 제도가 있었으나 효율성이 떨어지자 격쟁이란 제도가 생겼습니다. 하지만 정조 이전에는 격쟁 역시 지정된 장소에서만 가능했습니다.

이에 비해 정조는 행차에서도 격쟁을 허용했고, 아버지 사도 세자를 위한 능행길에서 격쟁을 받아주었습니다. 하여 평소엔 임금을 만날 수 없는 백성들이 정조의 능행을 기다리고 있다가 격쟁을 시도하곤 했는데 김이수 역시 그 방법을 쓴 것입니다. 물론 백성들은 격쟁의 확대를 원했고, 반대로 신하들은 거리의 격쟁을 위험하다며 말렸지만 정조는 계속 시행했습니다. 정조는 재위 24년 동안 66차례 행차를 통해 상소와 격쟁을 3000여 건이나 처리했습니다.

정조는 조선 역대 국왕 중 가장 총명한 군주입니다. 그는 1777년 재위한 이래 계속 암살 위협에 시달리면서도 여러 방면에 있어서 뛰어난 통치력을 발휘하여 문예 부흥기를 이끌었습니다. 정조는 영조가 내친 신하까지 불러들여 쓰는 넓은 포용력으로 탕평 정치를 실시했으며 정약용·박제가 등 뛰어난 실학자들을 지원하여 과학 기술을 발전시켰고 관노비를 철폐하여 비교적 평등한 사회를 이루고자 애썼습니다.

'새롭게 만들거나 기존 제도를 다른 방식으로 이용하자.'

정조는 앞장서서 발전적 변화를 추구하면서도 무조건 새로움만 원하지 않았습니다. 그는 활용을 통해 일의 능률을 높였으니 규장각이 그 대표적입니다. 규장각은 숙종 때 임금의 글을 보관하는 곳이었으나, 정조는 단순한 도서관을 넘어서서 자신의 친위세력을 양성하는 기관으로 활용했습니다.

또한 정조는 많은 신하에게 편지를 보내 안부를 물으면서 자기 뜻을

설명하는 섬세한 면도 있었습니다. 심지어 자신의 정치에 반대하는 신하에게까지 자주 글을 보내 의사소통을 했습니다. 이는 동서고금 역사에서 찾기 어려운 포용력이자 지도력입니다.

그렇다고 정조 재위 당시의 환경이 좋았던 것도 아닙니다. 그는 아버지 사도 세자가 뒤주에 갇혀 죽는 처참한 과정을 보았고, 즉위 초기에는 사도 세자를 죽게 만든 노론이 조정을 장악하고 있었습니다. 정조는 불안해하는 노론을 자극하지 않기 위해 재위 13년에야 사도 세자 무덤을 옮겼고, 그로부터 8년이 지나서 사도 세자의 죽음이 억울하다는 걸 공인하는 절차를 밟았습니다. 요컨대 정조는 놀라울 정도로 개인적 분노를 참으면서 나라를 위한 일에 몰두한 것입니다.

한편 정조는 어릴 때부터 책을 너무 가까이 한 탓에 시력이 약해져 조선 국왕 최초로 안경을 썼으며, 1800년 의문 속에 죽었습니다.

순조
세도 정치에 시달린 임금

"담배가 소화를 돕는다, 담 치료에 좋다 하는데 확실히 모르겠다. 남녀 노소 누구나 즐기고, 어린아이들까지 담배를 배우지만, 담배를 피우는 것은 고질병이 된다."

《조선왕조실록》 1808년 11월 19일 자에 기록된 순조(純祖, 1790~1834)의 말입니다.

정조의 둘째 아들인 순조는 형이 요절한 데다 아버지 정조 역시 의문스럽게 갑자기 죽었기에 열 살 어린 나이에 1800년 조선 제23대 국왕이 되었습니다.

순조가 즉위하던 무렵 조선은 외세의 급격한 영향으로 변화의 바람이 거셌습니다. 천주교가 빠른 속도로 조선 사람들을 사로잡았고, 실학자들은 유교주의가 아닌 실용주의적 정치를 추구했으며, 외양선이 나타나 교역을 요구했습니다.

임진왜란 때 이 땅에 전해진 담배는 어느 사이 나라 전체에 퍼져 어린 꼬마까지 담배를 피울 정도였습니다. 그러하기에 궁궐에 사는 순조가 걱정한 것은 담배만이 아니었습니다.

즉위 초기 정순 왕후가 수렴청정하면서 천주교도들을 탄압하여 피바람을 일으켰고, 1805년 정순 왕후가 죽은 뒤에는 순조의 장인인 김조순이 중심이 되어 안동 김씨 장기 집권 시대를 열었으니까요.

"안동 김씨 세도가 나는 새도 떨어뜨릴 정도군."

이른바 세도 정치는 조선의 국력을 약화했고, 부패한 관리들은 백성들을 괴롭혔습니다.

이러한 시기 성년이 되어 직접 통치에 나선 순조는 나름 나랏일에 신경 썼으나 전국적으로 탐관오리가 너무 많아 제대로 힘을 쓰지 못했습니다.

급기야 1811년 홍경래가 난을 일으켜 급격히 세를 불리자 엄청난 충격을 받았습니다. 반란은 가까스로 진압됐지만 이후 순조는 의욕을 잃은 채 무기력한 모습을 보였습니다.

거기에 똑똑해서 큰 기대를 품었던 아들 효명 세자가 병에 걸려 죽고, 사랑하는 두 공주도 죽자 또다시 크게 충격받은 순조는 44세 나이에 1834년 세상을 떠났습니다.

헌종
사랑꾼 군주

18세기 초 조선의 정세는 어지러웠습니다. 외척들이 세도를 부리며 나라를 좌지우지했기 때문입니다. 사정이 이러하니 성균관에서 학문을 연구하고 도덕을 수양하는 유생(儒生, 유학을 공부하는 선비)들도 무질서한 생활을 했습니다.

"장차 나라 위해 일할 이들이 입으로만 선비입네 하다니 큰일이로다."

헌종(憲宗, 1827~1849)은 성균관 선비들의 형편없는 사생활을 고치려고 한 가지 묘안을 생각해냈습니다.

"지금 있는 모양 그대로 빗을 모두 즉시 거두어 오라."

헌종이 이처럼 분부했고, 유생들은 영문도 모른 채 저마다 가지고 있는 빗을 내놓았습니다. 헌종은 내관이 가져온 유생들의 빗을 하나씩 검사했습니다. 빗들은 대부분 비듬과 때가 낀 상태로 몹시 더러웠고, 단 하나의 참빗만 깨끗이 청소되어 있었습니다.

헌종은 그 빗의 주인에게 일엽청(一葉靑)이라는 상을 내리고 크게 칭찬했습니다.

"선비들의 수양은 수신(修身, 좋은 마음을 가지도록 노력함)에서 비롯해서 평천하(平天下, 나라를 다스림)에 목적이 있을진대 그 첫걸음인 제 몸 하나 깨끗이 못하면, 그 학문은 거짓에 지나지 않는다. 머리 빗는 참빗 한 개 깨끗이 씻어두지 않는 자가 어찌 인의예지(仁義禮智)의 모범이 되겠느냐."

헌종의 훈계에 유생들은 머리를 들지 못했습니다. 조선 시대에 빗은 단순히 머리를 빗는 데 쓰는 도구를 넘어서서 하루를 시작할 때 마음을 정갈히 하는 상징적인 도구였거든요. 그 뒤로 성균관 유생들은 머리를 빗은 뒤에 참빗을 항상 깨끗이 하였습니다.

몇 달이 지나서 헌종은 또다시 불시에 참빗을 검사했습니다. 하나하나 살펴본즉 모두 깨끗했고, 지난번과 반대로 단 하나만 때 낀 빗이 있었습니다.

유생들은 안심하고 칭찬을 기다렸습니다. 하지만 헌종은 쓴웃음을 짓더니 때 낀 빗의 주인을 불러내어 칭찬하면서 나머지 유생들에게 이렇게 말했습니다.

"전과는 정반대로 모두의 빗이 깨끗해졌으나 이는 자기 마음에서 우러나와 저절로 한 것이 아니라 내게 아첨하기 위해서 했을 것이다. 자고로 군자는 아첨을 삼가야 한다. 그런데 여기 단 하나 더러운 빗의 주인은 적어도 그런 아첨을 하려고 하지 않았음이 틀림없다. 이에 자기를 속이지 않은 상을 내리노라."

헌종은 색다른 훈계로서 교언영색(巧言令色, 아첨하는 말과 알랑거리는 태도)을 경계하라 가르친 것입니다.

헌종은 조선 24대 임금으로 1834년 순조가 죽자 7세 나이로 왕위에 올랐습니다. 즉위 초기 순조의 아내인 순원 왕후 김씨가 수렴청정을 했으며, 순조가 헌종을 잘 보필하라고 부탁한 조인영도 적극 정치에 참여했습니다. 그 결과 안동 김씨와 풍양 조씨 두 외척이 때론 협력하고 때론 경쟁하면서 나라를 다스렸습니다.

헌종은 14세 때인 1841년부터 친정을 시작했지만, 곳곳에 자기 세력을 심어놓은 안동 김씨와 풍양 조씨 틈바구니에서 큰 힘을 쓰지 못했습니다. 헌종이 성균관 유생들이라도 바른 생각을 가지기를 기원하며 훈계한 이유가 여기에 있습니다.

헌종은 왕후 두 명과 후궁 세 명을 두었는데 그중 경빈 김씨를 특히 사
랑했습니다. 어느 정도였는가 하면 1844년 첫 왕비 효현 왕후가 죽은 뒤
계비를 간택할 때 직접 참여하여 경빈 김씨를 골랐습니다. 하지만 결정권
을 쥔 대왕대비가 홍재룡의 딸 홍씨를 간택하자, 3년을 기다린 끝에 효정
왕후 홍씨가 후사를 생산할 가능성이 없다는 핑계로 대왕대비의 허락을
받아 삼간택에서 낙선한 경빈 김씨를 1847년에 후궁으로 맞아들였습니
다. 이때 간택 후궁은 종2품 숙의로 책봉하는 관례를 무시하고 정1품 빈

에 책봉했을 뿐만 아니라 창덕궁 서쪽에 별궁인 낙선재를 지어 주기까지 했습니다.

그렇지만 헌종은 1849년 22세 젊은 나이에 세상을 떠났으니, 권력도 사랑도 질병에는 아무 소용없는 모양입니다. 누군가를 오래도록 사랑하려면 무엇보다 건강해야 함을 헌종은 자신의 죽음으로 일깨워 주고 있습니다.

철종
강화도령

"빨리 모셔오너라!"

1849년 헌종이 아들 없이 갑작스레 죽자, 대왕대비 순원 왕후는 강화
에 사는 이원범(李元範)을 궁궐로 데려오게 하여 자신과 순조의 양자로

입적하여 즉위시켰습니다. 조선 제25대 왕, 철종(哲宗, 1831~1863)을 '강화도령'이라 속칭하는 이유가 여기에 있습니다.

철종은 정조(正祖) 동생인 은언군의 손자인데, 은언군은 상인들에게 많은 빚을 졌다는 이유로 할아버지 영조에 의해 제주도 귀양에 이어 강화도로 유배되었습니다. 철종의 형 이원경도 역모죄에 휘말려 1844년 처형됐고 그의 가족 모두 강화도로 유배됐습니다. 이리하여 농사지으며 힘겹게 살아가던 이원범은 왕실의 유일한 직계 후손이라는 이유로 제왕 교육도 전혀 받지 못한 채 임금이 되었습니다.

따라서 처음에는 순원 왕후가 수렴청정하다가 1851년(철종 2년)부터 철종이 친정을 시작했는데 어진 인품으로 존경을 받았습니다. 궁인이 음식을 잘 삶지 못해도 너그럽게 용서해 주었고, 강화에 살 때 포악하게 굴었던 이웃 사람도 굳이 처벌하지 않았습니다. 심지어 철종은 집안사람을 고통스럽게 했던 지난날의 강화 유수가 승지(承旨) 후보자 명단에 있음을 보고는 그를 불러 당시 상황에 대한 설명을 들은 뒤 국법 때문에 부득이한 일이었음을 알자 그대로 승지에 임명했습니다.

철종은 뒤늦었지만 열심히 공부하면서 왕으로서의 자질을 키웠습니다. 그리고 어느 정도 경륜이 쌓인 1859년부터 관리들의 부정을 비판하는 등 적극적으로 정치에 참여했습니다. 하지만 대왕대비를 비롯한 안동 김씨의 세도에 눌려 매번 견제만 받을 뿐 제대로 뜻을 펴지 못했습니다. 좌절

감을 느낀 철종은 결국 일곱 명의 후궁에 눈을 돌려 지내다 32세 나이에 병들어 죽었습니다. 철종은 시대의 요청에 따라 느닷없이 불려나왔다가 이용만 당하고 버림받은 셈입니다.

그런 자신의 삶이 마음에 들지 않았는지 철종은 초상화에 일월오봉도(日月五峰圖, 달과 해와 다섯 산봉우리를 그린 그림으로 왕권을 상징)를 넣지 말라는 유언을 남겼습니다. 따라서 철종의 초상화에는 일월오봉도가 없습니다.

고종
개혁 임금

1896년 2월 11일 새벽, 가마 두 대가 조용히 궁궐을 빠져나갔습니다. 가마꾼들은 누군가에게 들킬세라 아주 빠른 발걸음으로 정동에 있는 러시아 공사관까지 이동했습니다. 가마 두 대에는 고종(高宗, 1852~1919)과 왕세자(훗날의 순종)가 각각 앉아 있었으며 명성 황후(明成皇后)가 시해된 을미사변(1895년)에 크게 충격받은 나머지 러시아와 협의하여 거처를 옮긴 것입니다.

"친일파 대신들을 처형하라!"

러시아 공사관에서 비로소 안전하다고 판단한 고종은 이처럼 명을 내렸습니다. 이로써 친일내각이 무너지고 친러파와 친미파 인사들로 내각이 이뤄졌습니다. 아관 파천(俄館播遷)으로 불린 이 일은 고종의 처지가 어떠했는지 명확히 보여 주는데 불행하게도 그런 상황은 이후에도 계속되었습니다.

고종은 거듭되는 환궁 요청에도 무려 1년이라는 긴 시간을 러시아 공사관에서 지냈습니다. 그러다 1897년 2월 25일 환궁하여 국호를 대한 제국, 연호를 광무로 고치고 황제 즉위식을 치렀습니다. 이때 고종은 경복

궁이 아니라 경운궁으로 갔는데 그것은 명성 황후 시해의 충격이 가시지
않았기 때문입니다.

　고종은 명성 황후를 잃은 뒤 끝까지 재혼하지 않았습니다. 그만큼 명
성 황후를 사랑했고 특별히 다른 여자에 관한 관심도 적었던 까닭입니다.
고종에게 명성 황후는 아내 이상의 존재였습니다. 고종은 명성 황후의 남
다른 분석력을 높이 평가하여 많은 일을 상의하여 처리할 정도였습니다.

일본이 흉도(凶徒)들을 야밤에 보내 이웃 나라 왕비를 시해한 이유도 명성 황후가 일본의 탐욕을 알아채고 견제했던 데 있습니다. 다시 말해 명성 황후를 죽여야 고종을 마음대로 조정할 수 있다고 판단하여 그리한 것입니다.

하지만 고종은 그렇게 무능한 왕이 아니었습니다. 그는 신하들이 친일파·친러파·친미파 등으로 갈라져 사리사욕을 챙기는 혼란스러운 상황에서 비밀리에 외교 사절을 파견하는가 하면 애국지사를 구하려 애를 썼습니다.

고종은 1907년 6월 네덜란드 수도 헤이그에서 제2회 만국 평화 회의가 개최된다는 소식을 듣고는 이때야말로 일본의 굴레를 벗을 수 있는 호기라 하여 비밀리에 배짱 있고 똑똑한 대표자 파견을 결심했습니다. 고종이 선별한 이상설·이준·이위종 세 사람은 일본의 집요한 방해로 회의에는 참석하지 못했으나, 만국 기자 협회에서 이위종이 유창한 프랑스어로 대한 제국의 처지를 호소하여 각국 신문에 실리게 했습니다.

고종은 1890년쯤 궁궐에 처음 설치된 전화를 적극 이용하기도 했습니다. 관리들이 자기 이해관계에 따라 국왕 명령을 자주 왜곡하자 고육지책으로 직접 당사자에게 전화를 걸어 지시한 것입니다. 이 과정에서 고종은 전화로 백범 김구(金九)의 목숨을 구했습니다. 1896년 8월 김구는 명성 황후 시해에 대한 원수를 갚고자 일본군 장교를 죽인 혐의로 인천 감옥

에서 사형을 기다리는 처지였습니다. 그런데 사형 집행 당일, 고종이 우연히 김구의 죄명이 '국모보수(國母報讐)'임을 보고 이상히 여겨 뒤늦게 사정을 알게 됐고 즉시 직접 인천 감리 이재정을 전화로 불러 사형 집행을 중지시켰습니다. 예전처럼 파발마로 어명을 전하려면 목적지까지 최소한 하루가 걸렸겠지만, 때마침 3일 전에 개통된 우리나라 최초의 시외 전화(서울~인천) 덕분에 김구의 목숨을 구한 것입니다.

그런가 하면 고종은 안중근 의사를 구하려 노력했습니다. 한국 의병 참모중장인 안중근은 1909년 10월 하얼빈역에서 한국 침략의 원흉 이토 히로부미를 권총으로 저격하여 사살한 다음 일본 관헌에게 붙잡혀 뤼순 감옥에 갇혔습니다. 일본이 안중근 의사를 처형하려 하자, 고종은 밀사 2명을 보내 안중근 의사를 일본 법정에서 러시아 법정으로 관할권을 옮겨 구해내려 했습니다. 이 노력은 빛을 보지 못했으나, 고종은 그 밖에도 독립운동에 남모를 도움을 주려 격려했습니다.

그러나 고종은 쇠약해진 국력의 한계 때문에 일본의 압력을 받아 1907년 강제 퇴위당했으며 1910년 강제합병을 눈물로 지켜보다가 1919년 세상을 떠났습니다.

순종
마지막 황제

"구차히 산 지 17년, 2천만 생민(生民, 국민)의 죄인이 됐으니 잠시도 이를 잊을 수 없다. 지금 병이 위중하니 한마디 말을 않고 죽으면 짐은 죽어서도 눈을 감지 못하리라. 이 조칙을 중외에 선포하여, 병합이 내가 한 일이 아님을 백성들이 분명히 알게 되면 이전의 이른바 병합 인준과 양국의 조칙은 무효가 될 것이리라. 백성들이여, 노력하여 광복하라. 짐의 혼백이 어둠 속에서 여러분을 도우리라."

1926년 4월 25일 새벽, 순종(純宗, 1874~1926)은 이처럼 유언을 남기고 숨을 거두었습니다. 이로써 조선 왕조의 마지막 임금이 세상에서 사라졌으니 실로 비통한 일이었습니다.

순종은 1874년 고종과 명성 황후의 둘째 아들로 태어났습니다. 그의 형은 항문 없이 태어나는 바람에 일찍 죽었는데, 순종은 그 못지않은 시련을 겪어야 했습니다. 일제가 항시 감시하면서 고종과 더불어 황태자인 그를 암살하려 했기 때문입니다.

고종과 순종은 아관 파천 때 처음 커피 맛을 보고는 이후 커피를 즐겼는데, 1898년의 어느 날 누군가 커피에 독약을 넣어 위기를 맞았습니다.

고종은 맛이 이상함을 느끼고 바로 뱉었으나 순종은 그 당시 풍습대로 한꺼번에 꿀꺽 마셨습니다. 순종은 피를 토하고 쓰러졌다가 다행히 살아났지만, 후유증으로 자식을 낳을 수 없게 됐습니다.

순종은 1907년 억지로 황위를 물려받은 뒤 모든 걸 그저 지켜보기만 해야 했습니다. 1910년 나라를 뺏기고 이왕(李王)으로 강등되어 창덕궁에서 생활하다가 1926년 52세 나이로 죽었습니다.

한편 순종의 두 번째 아내인 순정효 황후는 1910년 친일파 대신들이 순종에게 한일늑약 날인 강요하는 말을 병풍 뒤에서 엿듣고는 옥새를 자신의 치마 속에 감추고 내주지 않았습니다. 얼마 뒤 큰아버지인 윤덕영에게 옥새를 빼앗겼지만, 1966년 세상을 떠날 때까지 대한 제국 마지막 황후로서의 당당한 기품을 잃지 않고 살았습니다.

조선 왕조 계보 조선 519년, 1392~1910

 1 태조
1392~1398

2 정종 1398~1400

3 태종 1400~1418

4 세종 1418~1450

○ 덕종 ── **9** 성종 1469~1494

10 연산군 1494~1506

11 중종 1506~1544

8 예종 1468~1469

15 광해군 1608~1623

○ 원종 ── **16** 인조 1623~1649 ── **17** 효종 1649~1659

20 경종 1720~1724

22 정조 1776~1800

21 영조 1724~1776 ── ○ 장조

○ 은언군

○ 은신군

○ 문조 ── **24** 헌종 1834~1849

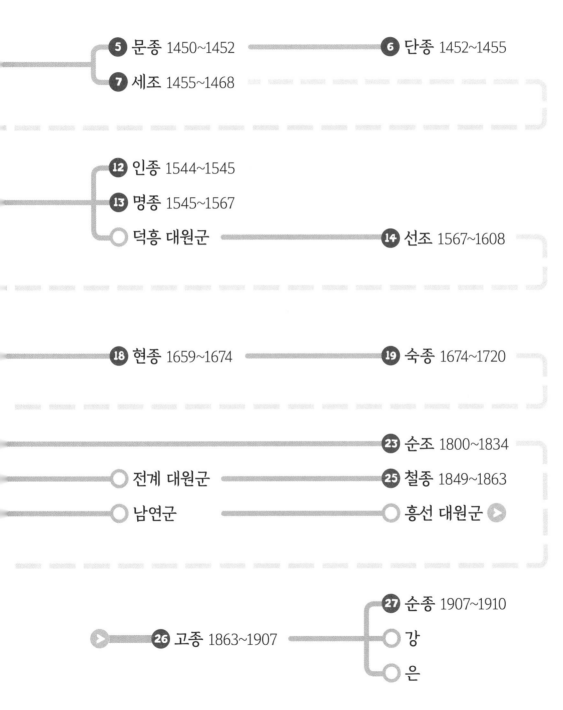

5 문종 1450~1452 ——— **6** 단종 1452~1455

7 세조 1455~1468

12 인종 1544~1545

13 명종 1545~1567

○ 덕흥 대원군 ——— **14** 선조 1567~1608

18 현종 1659~1674 ——— **19** 숙종 1674~1720

23 순조 1800~1834

○ 전계 대원군 ——— **25** 철종 1849~1863

○ 남연군 ———— ○ 흥선 대원군 ▶

27 순종 1907~1910

▶ ——— **26** 고종 1863~1907 ——— ○ 강

○ 은